겸손의 축복

네비게이토 선교회는
국제적이며 복음적인 기독교 기관이다.
예수 그리스도께서는 자기를 따르는 자들에게
"너희는 가서 모든 족속으로 제자를 삼으라"
(마태복음 28:19)는 지상사명을 주셨다.
네비게이토 선교회는 세계 모든 국가에서
예수 그리스도의 일꾼들을 배가시켜
이 지상사명의 성취를 돕는 것을
근본 목표로 하고 있다.

네비게이토 출판사는
네비게이토 선교회의 문서 선교를 담당하고 있다.
본 출판사에서는 그리스도인의 영적 성장을 돕는
서적과 자료들을 출판하여,
그리스도인의 삶의 기초가 견고한
헌신된 제자로 성장하게 하고,
나아가 성숙한 인격과 지도력을 갖춘
일꾼이 되도록 돕고 있다.

Translated by permission
Title originally published in English as
THE BLESSING OF HUMILITY by NavPress
Copyright ⓒ 2016 by Jerry Bridges
Korean Copyright ⓒ 2020
by Korea NavPress

the BLESSING of HUMILITY

Jerry Bridges

TO KNOW CHRIST AND TO MAKE HIM KNOWN

추천사

20년 전에 제리 브릿지즈의 책을 처음 읽게 되었는데, 한절한절마다 깊은 묵상과 기도 가운데 지어진 글임을 느낄 수 있었습니다. 이후에 나온 책에서도 같은 느낌을 받았습니다. 제리 브릿지즈의 글은 교계에 주신 하나님의 선물입니다. 이 새로운 책에서 저자는 학자로서의 지혜와 섬기는 종으로서의 마음으로 우리 생에 참으로 중요한 주제를 다루었습니다.

맥스 루케이도(목사, 저술가)

진정한 겸손의 출발은 하나님이 누구신지를 깊이 깨닫는 데서부터 시작된다고 저자는 일깨워 줍니다. 하나님을 알면 알수록 우리의 진정한 모습을 더욱더 잘 알게 됩니다. 겸손에 대해 탐구한 이 책은 하나님을 더욱 선명하게 알 수 있도록 도와주면서 어느새 우리를 한없는 겸손으로 이끌어 갑니다.

카일 아이들먼(목사, 저술가)

이 책은 저자가 예수님의 첫 번째이자 강력한 설교 말씀인 '팔복'을 평생 동안 기도하며 묵상한 결실로서, 제리 브릿지즈의 최고 역작이라고 할 수 있습니다. 하나님 나라 시민의 특징을 여덟 가지 복을 통해 치밀하고도 통찰력 있게 보여 주고 있습니다.

유진 피터슨(교수, 저술가)

　많은 사람들에게 산상수훈의 팔복은 매우 아름답기는 하지만 저 멀리 있는 무지개처럼 보입니다. 시적으로 아름답다는 생각을 하지만 매일의 삶에서 실제 어떤 의미가 있는지는 잘 모릅니다. 이 책에서 제리 브릿지스는 십자가에서 다 이루신 예수 그리스도의 사역 안에서 우리가 누리게 되는 기쁨과 아울러 주님과 겸손히 동행하면서 누리게 되는 은혜를 감격스럽게 보여 줍니다. 한 겸손한 분이 겸손에 대하여 쓴 글이라 할 수 있습니다.

찰스 매허니(저술가)

　제리 브릿지스는 이 책에서 예수님의 산상수훈에 있는 팔복을 깊이 있게 이해하도록 도와줄 뿐만 아니라 실제 삶에서 그렇게 살 수 있도록 인도해 줍니다. 또한 실현 불가능한 것이나 혹은 이렇게 하면 될 것이라는 가설을 사용하지도 않으며, 오직 함께하시는 성령의 역사를 통하여 우리 삶 속에 '겸손'이 이루어짐을 보여 줍니다. 이 책은 단지 겸손에 대한 하나의 메시지로 끝나는 게 아니라 자신의 메시지를 따라 겸손하게 살았던 또 한 사람을 보여 주고 있습니다.

톰 휴즈(목사, 저술가)

십자가에서 보혈을 흘리심으로
진정한 겸손을 보여 주신
우리 주 예수 그리스도께
이 책을 바칩니다.

큰 음성으로 가로되,
"죽임을 당하신 어린양이
능력과 부와 지혜와 힘과
존귀와 영광과 찬송을
받으시기에 합당하도다" 하더라.

요한계시록 5:12

차 례

독자에게 ································· 11

머리말 ··································· 13

감사의 글 ································· 19

제 1 장 : 명령과 약속 ······················· 21

제 2 장 : 심령이 가난한 자 ················· 35

제 3 장 : 애통하는 자 ······················· 49

제 4 장 : 온유한 자 ························· 65

제 5 장 : 의에 주리고 목마른 자 ·················· 85

제 6 장 : 긍휼히 여기는 자 ······················ 101

제 7 장 : 마음이 청결한 자 ······················ 117

제 8 장 : 화평케 하는 자 ························ 131

제 9 장 : 의를 위하여 핍박을 받은 자 ············ 145

제10장 : 겸손과 복음 ··························· 159

부 록 – 하나님의 놀라우신 은혜의 손길 ············ 181

독자에게

이 책은 두세 시간 정도면 대략 훑어볼 수 있습니다. 하지만 그 진정한 가치는 각 장에서 보여 주는 내용을 기도 가운데 곱씹으며 읽을 때 차츰차츰 나타납니다.

자신의 모습을 정직하게 볼 수 있도록 하나님께 기도하면서 산상수훈의 팔복에 나타난 각 성품의 특성에 비추어 스스로를 돌아보기 바랍니다. 그러고 나서 자신에게 가장 필요한 점이 무엇인지 떠오르면 그 영역에서 더욱 성장할 수 있도록 하나님의 도우심을 구하시기 바랍니다.

머리말

'**겸**손'이라는 말은 신약 성경에서 '사랑' 다음으로 자주 나옵니다. 한번은 신약 성경에서 사랑에 관한 교훈이 얼마나 나오는지 세어 본 적이 있는데, 명령을 통해서든 예화를 통해서든 50번이나 나왔습니다. 이어서 겸손에 대한 교훈은 40번 나왔습니다. 사랑과 겸손은 그리스도인이 갖추어야 할 여러 성품의 주춧돌이라고 생각합니다. 다른 성품들은 어떤 방식으로든 이 두 가지 기초 위에 세워집니다.

그럼에도 이 두 가지 주제를 다룬 메시지나 책을 쉽게 찾아볼 수가 없습니다. 아마도 이 두 성품은 우리가 다루기에 너무 버거운 주제이기 때문이라 생각합니다. 성경을 가르치면서 자신을 정직하게 돌아볼 줄 아는 사람이라면 자신이 사랑과 겸손에서 본이 되기에는 턱없이 부족하다는 사실을 알기 때문에, 이 영역에 대해 남을 가르친다는 점이 꺼려지기 마련입니다. 나는 오랫

동안 사랑에 관한 위대한 장인 고린도전서 13장을 가르치는 데에 늘 주저해 왔습니다. 더구나 겸손에 대한 책을 쓴다는 데에는 더욱 주저하지 않을 수 없었습니다. 행여나 "나는 겸손한 사람입니다"라고 비춰질까 두려웠기 때문입니다.

그러다가 언제인지 모르지만 성경을 가르치는 사람의 주된 임무는 오직 성경에 주의를 집중하도록 가르치는 것이지 자기 자신에게가 아님을 깨닫게 되었습니다. 그래서 마침내 사랑에 관해서는 고린도전서 13장을 가리키며 "이것이 바로 일상생활에서 나타나는 사랑의 모습입니다"라고 가르칠 수 있게 되었습니다. 하지만 최근까지도 "이것이 바로 겸손의 모습입니다"라고 할 수 있는 뚜렷한 성경 구절을 찾지 못했습니다.

그런데 산상수훈에 나오는 팔복에 대한 글을 써 달라는 요청을 받은 후 이 말씀에 대해 공부하기 시작했는데 처음으로 이 주제를 깊이 공부하는 계기가 되었습니다. 공부를 하면서 차츰 '여기에 표현된 그리스도인의 성품이야말로 진정 **행동하는 겸손**의 참모습이구나'라고 생각하게 되었습니다. 마침내 나 자신을 결부시키지 않고 겸손에 대해 가르칠 수 있는 객관적인 표현을 발견했다고 생각하게 되었습니다. "이것이 겸손의 모습이며, 일상생활에서 실제적으로 나타나는 **행동하는 겸손**입니다"라고 자신 있게 말할 수 있게 되었습니다.

물론 고린도전서 13장에서도 사랑의 모든 모습이 완벽하게 다루어지고 있지는 않듯이 마찬가지로 산상수훈에 나오는 팔복도 겸손을 완전하게 나타내지는 못합니다. 하지만 두 성경 말씀은 좋은 시작점이 될 수 있습니다. 사실 어느 누구도 이 말씀에 나오는 모든 성품을 완벽하게 갖출 수는 없습니다. 지금 나는 "이것이 나의 모습입니다"라고 말하는 게 아니라 "이것이 내가 되기를 원하는 모습이며, 이 영역에서 성장하기를 기도하고 있고, 나아가 여러분도 같은 소원을 가지도록 기도합니다"라고 말하는 쪽임을 기억해 주시기 바랍니다. 그러니 여러분도 나와 함께 이를 위해 노력하고 애쓰면 좋겠습니다.

팔복에 나오는 성품을 공부하면서 먼저 꼭 기억해야 할 몇 가지 사실을 소개합니다.

첫째, 그리스도인이라면 천국 시민이기에 누구나 이러한 성품을 나타내도록 부르심을 받았다는 사실입니다. 교계의 지도자이든 배관공이든, 혹은 사업가이든 선교 현장에 있는 선교사이든 다 해당됩니다. 세상에서 사회적 지위가 높거나 경제적으로 아무리 부요해도, 혹은 사역에서 뛰어난 은사를 받았다고 해도 이 성품을 적용하는 데 예외가 될 수 없습니다. 이는 모든 그리스도인이 일상생활에서 반드시 나타내야 할 성품입니다.

둘째, 이러한 성품은 개인의 성향이나 기질 혹은 영적 은사로 나타나는 게 아닙니다. 어떤 그리스도인은 천성이 자신을 잘 드러내지 않으려는 사람이 있고 어떤 그리스도인의 경우에는 다른 이보다 긍휼의 은사가 많기도 합니다. 그러나 산상수훈의 팔복에 나오는 성품은 그러한 성향이나 기질 혹은 은사에 관한 것이 아니라 갈라디아서 5:22-23에서 말한 성령의 열매입니다. 오직 성령께서 우리 삶 속에서 역사하신 결과로 나타나는 특징입니다.

셋째, 이런 성품을 더욱 계발한다고 해서 하나님께 더 많이 용납받느냐 아니냐가 결정되는 것은 아닙니다. 더욱이 영원한 천국에 들어가는 것에나 매일의 삶에서 하나님과의 기본적인 관계에 영향을 주는 것도 아닙니다. 하나님께 용납받는 것은 우리의 의가 아니라 전적으로 그리스도의 의에 달려 있습니다. 제10장에서 이에 대해 더 다루게 됩니다. 만약 여러분이 산상수훈에 나오는 팔복이라는 기준에 비추어 자신을 정직하게 살펴본다면 아마도 자신이 생각보다 훨씬 심각한 죄인임을 깨닫게 될 것입니다. 그런 일이 생기면 실망에 젖지 말고 곧바로 '그리스도의 의'로 달려가 피난처로 삼으시길 바랍니다.

넷째, 영적으로 1mm라도 진보하고 성장하려면 반드시 성령을 의뢰해야 합니다. 왜냐하면 우리의 모든 행위와 노력은 우리 안에서 역사하시며 우리에게 능력을 주시는 성령의 역사로 말미암아 가능하기 때문입니다. 이에 대해서도 제10장에서 더 다루게 됩니다.

오직 그리스도의 의와 성령의 능력을 의지할 때 비로소 말씀을 듣기만 하는 자가 아니라 말씀을 행하는 자가 될 수 있습니다(야고보서 1:22).

1. 주님의 말씀을 마음에 새기도록 합시다(시편 119:11 참조).

2. 산상수훈의 팔복에 나오는 성품을 위해 기도합시다. 우리의 부족함을 정직하게 깨닫게 해 주시도록 기도하며, 우리 속에 이러한 성품이 자라도록 기도합시다(시편 119:33-37 참조).

감사의 글

이 글은 많은 분들이 여러 모양으로 함께하여 지어진 책입니다. 손으로 써서 읽기 어려운 원고를 정성껏 입력해 주신 분, 여러 가지로 유익하고 지혜로운 제안을 주신 분, 어려운 주제를 다룬 부분에서 현명한 조언을 해 주신 분, 보이지 않는 기도로 더 많이 지원해 주신 분 등 이루 말할 수 없는 도움을 받았습니다. 행복하게도 나는 참으로 많은 은혜를 받았습니다!

특히 아내에게 한없는 고마움을 전합니다. 오로지 저술과 강연에 전념할 수 있도록 가정을 활력 있게 가꾸느라 갖은 수고와 정성을 다하였습니다.

제 1 장

명령과 약속

> 그러므로 주 안에서 갇힌 내가 너희를 권하노니,
> 너희가 부르심을 입은 부름에 합당하게 행하여
> 모든 겸손과 온유로 하고, 오래 참음으로
> 사랑 가운데서 서로 용납하고.
> 에베소서 4:1-2

아직도 그때 배운 내용을 생생하게 기억합니다. 1952년 1월에 있었던 성경공부 시간이었습니다. 그 후로 나의 생을 새롭게 바꾸어 놓았기 때문입니다. 그 내용의 핵심은 "성경은 매일의 일상생활에 적용하라고 기록된 것이다"라는 내용이었습니다. 지금은 너무나 당연하고 평범한 말이지만 그날 밤 내게는 전혀 새로운 개념이었습니다. 나는 어릴 적부터 교회 생활을 하며 자랐고 교회에서 가르치는 도덕적 경계선을 벗어난 적이 없었습니다. 그럼에도 내가 기억하기로는 성경 말씀을 매일의 삶 속에 적용해야 한다는 가르침을 그때까지 들어본 적이 없었습니다.

그런데 그날 밤 이 말을 들었을 때 누군가 내 마음속에 불을 켜 준 느낌이었습니다. 당시 나는 젊은 해군 장교였는데 배로 돌아오는 길에서 기도했습니다. "하나님, 오늘 밤부터 성경 말씀을 나의 일상생활에 적용하도록 도와주옵소서."

'일상생활'이란 표현이 내 삶을 바꾸어 준 그 말의 핵심이었습니다. 성경은 에베소서 4:1에서 "부르심을 입은 부름에 합당하게 **행하여**"라고 했습니다. 여기서 행한다는 말은 일상생활을 살아간다는 뜻입니다. 직장에서 일을 할 때나, 운전을 할 때나, 가정에서 **빨래**를 할 때나, 시장에서 물건을 살 때나, 기타 일상의 평범한 삶에서 행하는 수많은 일이 다 포함됩니다.

여기서 사도 바울이 '합당하게 행하는 삶'의 의미를 자세히 덧붙여 설명하면서 제일 먼저 '겸손'을 말합니다(2절). 이것이 무엇을 뜻하는지 한번 생각해 보십시오. 운전을 할 때나, 배우자나 자녀를 만날 때나, 직장에서 동료와 대화할 때나, 가게에서 점원을 만날 때나 이 모든 일을 겸손함으로 해야 한다는 말입니다.

바울이 살던 당시 그리스 로마 세계에서 '겸손'은 미덕이 아니라 사람들이 경멸하고 기피하는 성품이었습니다. 오로지 힘과 권력이 추앙받는 세계에서 겸손은 '나약함'의 상징이라고 여겼습니다. 그런데 오늘날 우리 문화도 이천 년 전의 그때와 별반 다름이 없습니다. 그리스도인 사이에서는 약간 다를 수도 있겠지만 만일 누군가의 모습에서 '겸손'이 나타나면 감탄하고 칭찬하기까지 하지만 정작 우리 스스로 그런 겸손을 실천하려는 열망은 별로 없습니다.

그러나 사도 바울이 "모든 겸손"으로 행하라고 권했을 때, 이는 스스로 하는 말이 아니라 하나님의 대변인으로서 말하고 있습니다. 잘 아시다시피 성경은 단순히 여러 저자의 생각을 모아 놓은 일반적인 책이 아닙니다. 모든 성경은 하나님의 감동으로 된 것입니다(디모데후서 3:16). 베드로후서 1:21을 보면 더 명확하게 이해할 수 있습니다. "예언은 언제든지 사람의 뜻으로 낸 것이 아니요 오직 성령의 감동하심을 입은 사람들이 하나님께 받아 말한 것임이니라." 성경의 저자들은 성령의 인도하심을 받아 하나님의 뜻을 명확하게 받아 기록하였습니다. 성경에 다음과 같은 표현을 자주 볼 수 있습니다. "성령이 다윗의 입을 의탁하사… 미리 말씀하신 성경이 응하였으니"(사도행전 1:16). 이는 다윗과 여러 성경의 저자를 통하여 하나님께서 말씀하신 것입니다. 그러므로 비록 인간의 입이나 글을 통해 말씀하신 것이라 해도 이는 곧 하나님께서 말씀하신 것임을 확신할 수 있습니다.

여기에서 중요한 점은 권위입니다. 권위에는 명령을 내릴 수 있는 자격이 있습니다. 바울에게는 우리더러 겸손으로 행하라고 명령할 수 있는 자격이 없지만 하나님께는 그럴 자격이 있습니다. 그리고 비록 사도 바울이 성도들(그리고 오늘날의 우리)에게

'권한다'라는 다소 부드러운 표현을 사용했지만, 겸손한 삶은 믿는 사람들이 받아들이거나 혹은 거절할 수 있는 선택 사항이 아니라는 점을 분명히 전달하고 있습니다. 이는 하나님의 명령입니다.

오늘날처럼 정신없이 바빠 돌아가는 세상에서 겸손과 온유와 인내와 같은 성품은 무시되기 일쑤이며, 복잡하고 분주한 세상을 사는 우리에게 현실성이 없는 무리한 요구라고 생각되기도 합니다. 그러나 여기가 중요한 지점입니다. 우리가 성경의 가르침을 일상생활에서 적용하고자 한다면 매일의 평범한 생활 속에서 겸손을 행하라고 하시는 말씀을 흘려보낼 수가 없습니다.

겸손을 실천하라고 권면하는 말씀은 에베소서 4:1-2만이 아닙니다. 빌립보서 2:3에서도 이렇게 말합니다. "아무 일에든지 다툼이나 허영으로 하지 말고 오직 겸손한 마음으로 각각 자기보다 남을 낫게 여기고." 또한 골로새서 3:12에서도 "긍휼과 자비와 겸손과 온유와 오래 참음을 옷 입고"라고 말합니다. 사도 베드로도 베드로전서 5:5에서 "다 서로 겸손으로 허리를 동이라"라고 말합니다. 이는 아무 준비 없이 즉석에서 지나가는 말로 한 것이 아닙니다. 진정 하나님의 말씀이며, 일상생활에서 겸손을 실천하라고 명령하시는 하나님의 권위가 담긴 말씀입니다.

사도 바울과 베드로뿐만 아니라 예수님께서도 겸손에 대해 자주 말씀하셨습니다. 비록 겸손이라는 말은 자주 사용하시지 않았어도 주님의 교훈 전반에 그러한 의향이 곳곳에 담겨 있습니다. 사실 예수님께서 산상수훈의 팔복을 통해 말씀하신 모든 성품은 내가 말하는 **행동하는 겸손**의 다른 표현이라 할 수 있으며, 이 책에서는 이러한 면을 중점적으로 다루게 됩니다.

겸손에 관한 예수님의 가르침 중에서 내가 가장 좋아하는 말씀은 누가복음 14:7-11입니다. 나는 주님께서 가르쳐 주신 이 원리를 적절한 때에 실천하려고 애쓰고 있습니다(애쓰고 있다는 말에 주목해 주시기 바랍니다).

청함을 받은 사람들의 상좌 택함을 보시고 저희에게 비유로 말씀하여 가라사대, "네가 누구에게나 혼인 잔치에 청함을 받았을 때에 상좌에 앉지 말라. 그렇지 않으면 너보다 더 높은 사람이 청함을 받은 경우에 너와 저를 청한 자가 와서 너더러 '이 사람에게 자리를 내어 주라' 하리니, 그때에 네가 부끄러워 말석으로 가게 되리라. 청함을 받았을 때에 차라리 가서 말석에 앉으라. 그러면 너를 청한 자가 와서 너더러 '벗이여, 올라앉으라' 하리니, 그때에야 함께 앉은 모든 사람 앞에 영광이 있으리라. 무릇 자기를 높이는 자는 낮아지고 자기를 낮추는 자는 높아지리라.

예수님의 가르침을 오늘날 우리 문화에 적용하기 위해서는 '상좌'라는 말 대신에 우리들 대부분에게 유혹이 되는 '특권'이나 '인정' 혹은 '권세'라는 말로도 생각해 볼 수 있습니다. 이런 면에서 우리가 배울 수 있는 좋은 원리가 잠언 27:2 말씀입니다. "타인으로 너를 칭찬하게 하고 네 입으로는 말며, 외인으로 너를 칭찬하게 하고 네 입술로는 말지니라."

예수님께서는 겸손에 대해 가르치기만 하신 게 아니라 몸소 실천하셨습니다. 최후의 만찬 때 제자들의 발을 씻기신 데서 이를 볼 수 있습니다(요한복음 13:1-11 참조). 주님의 행동이 더욱 놀라운 점은 주님께서는 자신이 영원하신 하나님의 아들이심을 온전히 알고도 그렇게 하셨다는 것입니다(3절). 더욱이 십자가에서는 예수님의 겸손의 극치를 볼 수 있습니다. "사람의 모양으로 나타나셨으매 자기를 낮추시고 죽기까지 복종하셨으니 곧 십자가에 죽으심이라"(빌립보서 2:8).

이 장의 제목을 '명령과 약속'이라고 이름을 붙이면서 지금까지 이 두 낱말을 사용하지는 않았습니다. 명령은 일반적으로 교훈이나 가르침을 뜻하지만, 법률적으로는 명령서 혹은 영장이라는 의미가 있습니다. 법적 권위가 있는 곳에서 내리는 지시입니다. 하나님보다 더 높고 큰 권위를 가진 존재는 없습니다. 반면에 약속은 약속된 내용이 분명히 이루어질 것을 바라고 누릴 수 있는 권리를 주는 것입니다. 오직 하나님만이 무한한 능력을 갖고 계시며 또한 온전히 신실하신 분이기 때문에 약속하신 바를 능히 그리고 반드시 이루실 수가 있습니다.

이제 겸손하게 행하는 자에게 주시는 하나님의 약속을 살펴봅시다. 베드로전서 5:5-6에는 명령과 약속을 동시에 보여 줍니다.

> 젊은 자들아, 이와 같이 장로들에게 순복하고 다 서로 겸손으로 허리를 동이라. 하나님이 교만한 자를 대적하시되 겸손한 자들에게는 은혜를 주시느니라. 그러므로 하나님의 능하신 손 아래서 겸손하라. 때가 되면 너희를 높이시리라.

5절에서 '겸손으로 허리를 동이라'는 명령이 나옵니다. 겸손은 마치 옷을 입듯이 우리 몸과 하나가 되어야 한다는 뜻입니다. 옷을 입고 허리를 동이지 아니하면 옷이 흘러내립니다. 옷이 흘러내린 채로 다른 사람 앞에 선다는 것은 상상도 못할 일입니다. 그렇듯이 겸손으로 마음을 동이지 않고 다른 사람 앞에 선다는 것은 생각할 수도 없는 일입니다.

여기서의 약속은 하나님께서 겸손한 자들에게 은혜를 주신다는 사실입니다. 종종 은혜는 하나님의 능력과 동의어로 사용되는데 여기서의 은혜도 같은 뜻으로 이해할 수 있습니다(디모데후서 2:1, 고린도후서 12:9 참조). 즉 하나님께서는 겸손한 자들에게 능력을 베푸신다는 뜻입니다. 겸손은 세상의 가치관과는 정반대이며, 우리의 죄 된 본성과도 정반대입니다. 그래서 우리에게는 하나님의 은혜가 필요합니다. 하루 종일 다양한 사람과 다양한 환경을 만날 때 겸손으로 허리를 동일 수 있도록 성령께서 주시는 능력이 필요합니다. 그리고 하나님께서는 우리가 겸손 가운데 행하려고 할 때 은혜를 주시겠다고 약속하십니다.

5절은 다른 사람에 대한 겸손에 대해 말하고 있고, 6절은 하나님께 대한 겸손을 말하고 있습니다. 하나님의 능하신 손 아래서 겸손하려면 하나님께서 절대주권적 섭리 가운데 다스리시는 모든 환경을 받아들이고 또 그 환경을 주신 하나님께 굴복해야 합니다. 우리의 뜻과 반대되는 상황일지라도 마찬가지입니다. 이에 대해서는 제4장에서 더 다루게 됩니다.

6절에서 보여 주신 약속은 때가 되면 하나님께서 당신을 높이신다는 말씀입니다. 높이는 것이 어떤 모양으로 이루어지며 그때가 언제인지는 미정으로 남겨 두셨습니다. 왜냐하면 그것은 다양한 모습으로 다양한 때에 이루어지기 때문입니다. 오직 하나님께서만 그 높이는 모양과 시기를 알고 계십니다. 이 땅에서 그때가 오지 않을 수도 있습니다. 그러나 거짓말을 하실 수 없는 하나님께서 약속하셨기 때문에 그때는 반드시 옵니다(히브리서 6:18 참조).

다음으로 겸손히 행하는 자에게 주시는 약속 두 가지를 구약에서도 살펴보겠습니다. 첫 번째 구절은 이사야 57:15입니다.

    지존무상하며 영원히 거하며 거룩하다 이름하는 자가 이같이 말쓸하시되, "내가 높고 거룩한 곳에 거하며 또한 통회하고 마음이 겸손한 자와 함께 거하나니, 이는 겸손한 자의 영을 소성케 하며 통회하는 자의 마음을 소성케 하려 함이라."

이 구절을 묵상할 때, 먼저 하나님께서 자신에 대해 어떻게 말씀하시는지 주목해 보아야 합니다. '지존무상하며 영원히 거하며 거룩하다 이름하는 자'라고 하셨습니다. 이 구절은 이사야 6:1-7과 꼭 닮았습니다. 이사야 선지자가 이상 중에 여호와 하나님을 뵈었는데 하나님께서 높이 들린 보좌에 앉으셨으며, 스랍들이 "거룩하다, 거룩하다, 거룩하다, 만군의 여호와여"라고 외쳤습니다. 지극히 큰 영광 가운데 계신 하나님을 뵌 결과로 이사야 선지자는 "화로다, 나여! 망하게 되었도다" 하고 절망 속에 부르짖었습니다. 그러나 이사야 57:15에서는, 동일하게 거룩하시고 영광스러우신 하나님께서 말씀하시길, 통회하고 마음이 겸손한 자와 함께 거하며, 겸손한 자의 영을 소성케 하고 통회하는 자의 마음을 소성케 하겠다고 약속하십니다.

여기서 '함께 거한다'는 말은 그 사람과 더불어 친밀하게 산다는 뜻이며, '소성케 한다'는 말에는 그에게 용기를 북돋워 준다는 의미가 있습니다. 이처럼 이 말씀에는 겸손한 삶을 살라는 명령과 더불어 이렇게 놀라운 약속이 함께 있습니다. 겸손하게 살다 보면 수치를 당하거나 때로는 심한 모욕을 당하기까지 합니다. 이런 상황을 겸손하게 받아들이면 하나님께서는 우리와 함께 거하시며 우리를 격려하시겠다고 약속하십니다.

두 번째 구절은 이사야 66:1-2입니다.

여호와께서 이같이 말씀하시되, "하늘은 나의 보좌요 땅은 나의 발등상이니 너희가 나를 위하여 무슨 집을 지을꼬? 나의 안식할 처소가 어디랴? 나 여호와가 말하노라. 나의 손이 이 모든 것을 지어서 다 이루었느니라. 무릇 마음이 가난하고 심령에 통회하며 나의 말을 인하여 떠는 자 그 사람은 내가 권고하려니와."

첫 번째 구절과 마찬가지로 이 구절의 앞부분에서도 하나님께서는 지극히 광대하신 분이심을 알 수 있습니다. 하늘은 하나님의 보좌이며, 땅은 하나님의 발등상일 뿐입니다. 사실 하나님께서 이 모든 것을 지어서 다 이루셨습니다. 하나님께서는 그 능력과 영광이 무한하심에도 불구하고 각별한 사랑을 베푸시려고 찾으시는 사람이 있습니다. 바로 마음이 가난하고 심령에 통회하며, 하나님을 공경하고 하나님의 말씀을 인하여 떠는 자입니다. 얼마나 놀라운 약속입니까!

겸손에 관한 첫 번째와 두 번째 성경 구절을 합쳐 봅시다. 하나님께서는 겸손하게 행하는 자에게 친밀한 관계 가운데 함께 살며, 각별한 사랑으로 보살펴 주시고, 겸손하게 살아갈 수 있도록 용기와 힘을 주시겠다고 약속하십니다. 예나 지금이나 사람들은 겸손을 꺼리고 싫어하지만, 하나님께서는 오히려 높이 평가하시며 겸손을 추구하는 자를 축복하겠다고 약속하십니다.

그렇기 때문에 겸손은 부차적인 것이 아니라 지속적으로 관심을 갖고 부지런히 힘써야 할 성품임을 깨달아야 합니다. 겸손에 대해 너무도 무관심하다는 사실 자체만으로도 우리는 영광스럽고 은혜로우신 하나님 앞에 엎드려 떨며 겸손해야 하지 않겠습니까?

제1장의 요점을 다시 생각해 봅시다. 우리의 일상생활에서 겸손을 추구하는 삶은 지극히 크고 높으신 하나님의 명령입니다. 시편 119:4에서는 "주께서 주의 법도로 명하사 우리로 근실히 지키게 하셨나이다"라고 말합니다. 겸손은 영적으로 뛰어난 사람에게만 해당되는 사항이 아니라, 모든 그리스도인이 일상생활에서 꼭 실천해야 할 덕목입니다. 더군다나 하나님께서는 겸손을 추구하는 삶을 살 때 놀라운 은혜를 더하여 주시겠다고 약속하셨습니다.

그런데 우리는 매일 죄로 인하여 상하고 깨어진 세상 속에 살아가고 있습니다. 이러한 일상생활에서 겸손을 추구하며 살려고 할 때, 그것은 어떤 모습으로 나타납니까? 제2장에서부터 제9장에까지 걸쳐, 그러한 세상 속에서 날마다 마주치는 다양한 환경과 인간관계 속에 겸손이 어떠한 모습으로 나타나는지를 살펴보게 됩니다. 예수님께서 친히 우리의 인도자가 되어 주십니다. 예수님께서는 '산상수훈'이라고 불리는 긴 설교를 통해서 당시 문화와는 정반대되는 가치관을 팔복이라는 내용으로 제시하셨습니다. 가난함, 애통함, 주리고 목마름, 다툼, 고난과 핍박 등 이 땅에 사는 모든 사람들이 일상에서 흔히 겪는 가장 기본적인 삶을 통해 예수님께서는 깊은 영적 교훈을 주셨습니다. 이 여덟 개의 덕목은 '일상생활' 속에서 나타나는 **행동하는 겸손**을 보여 주며, 그 속에는 하나님의 명령과 함께 축복의 약속이 있습니다.

묵상을 위한 질문

1. 에베소서 4:1-2에 보면, '부름에 합당한 삶'을 얘기하면서 '겸손'을 가장 먼저 꼽았는데, 왜 '온유'나 '오래 참음'이나 '사랑'보다 겸손을 먼저 강조했다고 생각합니까?

2. 왜 그리스도인에게 있어서 겸손한 삶은 해도 되고 안 해도 되는 선택 사항이 될 수 없습니까?

3. 예수 그리스도께서는 겸손을 어떻게 나타내셨습니까? 이러한 본이 왜 놀랍습니까?

4. 이 장에서 나오는 명령 가운데 자신에게 가장 도전이 되는 점은 무엇입니까? 약속 중에서 가장 크게 동기를 주는 말씀은 무엇입니까?

제 **2** 장

심령이 가난한 자

심령이 가난한 자는 복이 있나니
천국이 저희 것임이요.
마태복음 5:3

나는 열네 살이 될 때까지 무척 가난하게 자랐습니다. '경제 대공황' 시기였기 때문에 많은 사람들이 일자리를 잃었습니다. 아버지는 직장에 다니시기는 하셨지만 일주일에 50시간 일해서 시간당 42센트를 받을 뿐이었습니다. 우리는 약 11평 되는 조그만 집에서 살았습니다. 벽장도 없었고 짐을 보관할 가구도 없었습니다. 실내 수도가 있기는 했지만 따뜻한 물은 나오지 않았고, 주방용 난로에 물을 데워 사용했습니다. 저녁 식사는 주로 삶은 강낭콩과 옥수수 빵이었습니다. 집 안에 있는 유일한 책이라고는 부모님이 보시던 성경책 두 권이었습니다. 장난감은 물론 없었습니다.

그렇습니다. 저의 집은 가난하였습니다. 그러나 예수님께서 '심령이 가난한 자'라고 하셨을 때 사용하신 절망적인 가난에는 미치지 못합니다.

예수님께서 사용하신 '가난'이란 말은 헬라어로 '프토코스'인데, 보통의 가난을 말하는 정도가 아니라 비참한 가난을 의미합니다. 나의 부모님처럼 수입과 지출의 균형을 맞추느라 애쓰는 정도의 가난에 사용되는 말이 아니라, 헐벗고 굶주린 상태에 빠져 더 이상 어떻게 해 볼 도리조차 없는 참혹한 경우를 가리킬 때 사용되는 말입니다.

비참한 가난은 누가복음 16:19-31에 나오는 나사로 이야기에 잘 나타나 있습니다. 예수님께서는 나사로를 '거지'라고 불렀습니다. 부자의 대문에 누워 있었다는 사실로 보아 나사로가 몸을 제대로 가눌 수 없는 불구이며 자신의 비참한 형편에 대해 아무것도 할 수 없는 무기력한 상태임을 알 수 있습니다. 그는 부자의 밥상에서 떨어지는 것으로 배를 불리려 했습니다. 나의 어린 시절과는 달리 그에게는 삶은 강낭콩도 옥수수 빵도 없었습니다. 그야말로 아무것도 없었습니다. 사실 성경에는 나사로가 부자의 밥상에서 떨어지는 것을 실제로 먹었는지 먹지 못했는지에 대해서는 명확히 나타나 있진 않습니다. 다만 나사로가 그것으로 배를 불리려 했다고만 기록되어 있습니다.

이것도 비참한 가난의 한 예가 될 수는 있지만 예수님께서 "심령이 가난한 자는 복이 있나니"라고 말씀하실 때의 가난에는 여전히 미치지 못합니다. 여기서 심령은 한 사람의 내적 존재 곧 자아에 대한 인식을 가리키는 말입니다. 좀 더 구체적으로 말하면, 자신의 영적 상태를 어떻게 평가하고 있느냐를 의미합니다. 이런 심령의 가난함은 자신이 얼마나 심각한 죄악 상태에 있는지를 깨닫는 데서 생깁니다.

무엇보다도 심령의 가난함은 누가복음 18:9-14에 나오는 바리새인과 세리의 이야기에 가장 잘 표현되어 있다고 할 수 있습니다. 세리에 대해 기록된 모든 면이 그의 심령의 가난함을 잘 드러내 주고 있습니다. 세리는 멀리 서서 있었습니다. 오늘날로 말하면 예배당의 가장 말석에 앉았다고 할 수 있습니다. 또한 세리는 감히 눈을 들어 하늘을 우러러 보지도 못했습니다. 그는 자신의 죄를 진정 부끄럽게 여겼습니다. 자신의 죄로 인해 가슴을 치며 고통 가운데 몸서리치고 있었습니다. 하지만 이 모든 것 가운데 그의 심령의 가난함을 가장 잘 드러내어 주는 것은 그의 가슴속에서 터져 나온 기도였습니다. "하나님이여, 불쌍히 여기옵소서. 나는 죄인이로소이다."

무엇보다도 자신을 불쌍히 여겨 달라고 기도한 점에 주목해 보십시오. 여기서 '불쌍히 여겨 달라'라는 말이 오늘날에는 평범한 말일지 모르나 당시 헬라어(힐라스코마이)에는 죄에 대한 하나님의 공의롭고 거룩하신 진노를 전제로 하고 있습니다. 세리가 가슴을 두방망이질하며 하나님께 부르짖었을 때, 이는 자신이 마땅히 받아야 할 진노에서 구원해 주시기를 간절히 구하는 울부짖음이었습니다.

이에 대해 저명한 복음주의 설교가인 존 블랜처드는 이렇게 말합니다. "세리는 자신을 많은 죄인 중의 하나라고 여기지 않았습니다. 이 세상에서 '죄인'을 꼽으라면 자신이 '바로 그 죄인'이라고 생각했습니다. 그는 자신의 끔찍한 죄와 도덕적 파산과 영적 절망 상태를 깨닫고는 가슴을 쥐어뜯으며 어찌할 바를 몰랐습니다. 죄의 문제에 관한한 다른 사람의 죄는 자신과 비교하면 먼지 정도에 불과하다고 여겼습니다."

세리는 참으로 심령이 가난한 자였습니다. 어쩌면 우리 생각에 세리가 그렇게 하는 것은 마땅하다고 여길지도 모르겠습니다. 그는 세리였고, 동족을 배반하고 로마의 폭정을 위해 세금을 거두며 그 과정에서 부자가 되었기 때문에 자신을 죄인이라고 여기는 게 당연하지 않겠습니까? 그렇다면 이사야 선지자를 생각해 보십시오. 그는 의심할 여지없이 의로운 사람입니다. 어느 날 그는 이상 중에 하나님을 뵈었습니다. 지극히 큰 위엄과 거룩하심 가운데 계신 하나님을 뵙고서 이렇게 말했습니다. "화로다, 나여! 망하게 되었도다. 나는 입술이 부정한 사람이요 입술이 부정한 백성 중에 거하면서 만군의 여호와이신 왕을 뵈었음이로다"(이사야 6:1-5 참조).

이사야 선지자는 자신이 '부정하다'라고 했는데, 이는 레위기 13:45에 나오는 말씀입니다. "문둥 환자는 옷을 찢고 머리를 풀며 윗입술을 가리우고 외치기를 '부정하다, 부정하다' 할 것이요." 이사야는 사실상 자신을 도덕적 문둥병자라고 부르고 있습니다. 지극히 거룩하신 하나님 앞에 서 있는 자신의 죄악 된 모습을 볼 때 두려움에 몸서리쳤습니다. 이사야 선지자도 심령이 가난한 자였습니다.

이러한 심령의 가난함은 구원의 절박함을 이제 막 깨달은 사람에게만 해당되는 게 아닙니다. 예수님께서 산상수훈의 팔복을 말씀하실 때는 이미 하나님 나라에 있는 사람들에게 해당되는 성품을 말씀하고 계셨습니다. 오늘날 우리에게도 심령이 가난해야 한다고 말씀하십니다. 이는 영적으로 계속 성장하고 있는 사람일지라도 매일과 같이 힘써야 할 태도입니다.

진정한 그리스도인은 영적으로 성장하면서 자신의 삶 속에 깊이 숨어 있는 죄를 더욱 많이 발견하게 됩니다. 마치 어둠 속에서는 보이지 않던 먼지와 더러운 것들이 밝은 빛이 들어올수록 환히 드러나는 것과 같습니다. 이전보다 죄를 더 많이 지었기 때문이 아니라 죄에 대해 더 깊이 깨닫게 되고 더욱 민감해졌기 때문입니다. 도덕적으로 파렴치한 죄라기보다는 이전부터 있었지만 깨닫지 못했던 사실인데, 곧 이기심이나 교만, 시기와 질투, 그리고 무엇보다도 다른 사람을 판단하는 죄와 같은 것입니다. 우리 눈에는 대수롭지 않게 보일지 몰라도 이런 죄로 인해 하나님의 진노를 받을 수밖에 없음을 깨닫게 되면 심령이 가난해질 수밖에 없습니다.

사도 바울은 생의 말년에 쓴 편지에서 다음과 같이 고백하였습니다. "미쁘다, 모든 사람이 받을 만한 이 말이여! 그리스도 예수께서 죄인을 구원하시려고 세상에 임하셨다 하였도다. 죄인 중에 내가 괴수니라"(디모데전서 1:15). "죄인 중에 내가 괴수니라"라고 하면서 바울은 과거 시제가 아니라 현재 시제를 사용하여 자신을 표현했습니다. 그는 끊임없이 스스로 심령이 가난한 자임을 인정했습니다.

심령이 가난한 자는 자신이 하는 최선의 행위 속에도 늘 죄된 본성이 뒤섞여 있음을 인정합니다. 순수하지 못한 동기가 섞여 있고 행동 또한 온전하지 못함을 인정합니다. 그리고 예수님께서 말씀하신 수준으로까지 하나님의 말씀에 온전히 순종하지 못함을 안타까워합니다. 예수님께서는 마태복음 22:37-39에서 우리의 마음과 목숨과 뜻을 다하여 하나님을 사랑하고 이웃을 우리 몸과 같이 사랑하라고 이미 명확한 기준을 제시해 주셨습니다.

또한 자신의 영적 가난함을 정직하게 인정하는 사람은 "나는 얼마나 곤고한 그리스도인인가!"라는 말만 되풀이하며 죄 된 상태에 그냥 머물러 있지 않습니다. 오히려 자신의 죄를 정결하게 해 주시도록 그리스도의 십자가 앞으로 겸손히 나아갑니다. 심령이 가난한 사람은 윌리엄 쿠퍼(1731-1800)가 작사한 찬송가 '샘물과 같은 보혈은'에 나오는 아름다운 가사를 사랑하게 됩니다.

> 샘물과 같은 보혈은 임마누엘 피로다
> 이 샘에 죄를 씻으면 정하게 되겠네

특히 자신의 죄를 절절히 깨닫고 있다면 2절 가사가 더욱 의미 있게 와닿을 것입니다.

> 저 도적 회개하고서 이 샘에 씻었네
> 저 도적 같은 이 몸도 죄 씻기 원하네

공감하십니까? 자신도 십자가 위에 달린 강도처럼 끔찍한 죄인이라고 생각합니까? 만약 그렇다면 정말 다행입니다. 예수님께서는 그 강도에게 "내가 진실로 네게 이르노니, 오늘 네가 나와 함께 낙원에 있으리라"라고 하셨기 때문입니다(누가복음 23:43). 또한 성전에서 기도하던 세리를 기억하십니까? 세리는 가슴을 치며 "하나님이여, 불쌍히 여기옵소서. 나는 죄인이로소이다"라고 기도했습니다. 예수님께서는 그에 대해 "이 사람이 저보다 의롭다 하심을 받고 집에 내려갔느니라"라고 말씀하셨습니다(누가복음 18:13-14). 여기서 의롭다 하심을 받았다는 말은 하나님께서 의롭게 여겨 주셨다는 말입니다. 그러므로 심령이 가난한 사람은 자신의 죄를 슬퍼하게 되기도 하지만 또한 이와 함께 죄를 용서받은 것과 그리스도 안에서 의롭게 된 사실에 기뻐하게 됩니다. 이에 대해서는 다음 장에서 좀 더 자세히 살펴보게 됩니다.

심령이 가난한 사람은 에드워드 모트(1797-1874)가 지은 '이 몸의 소망 무엔가'라는 찬송가의 첫 가사인 "이 몸의 소망 무엔가, 우리 주 예수뿐일세"에 깊이 공감할 터입니다. '우리 주 예수뿐일세'의 원래 가사는 "오직 예수님의 보혈과 의뿐일세"라는 의미인데, 예수님의 보혈과 의가 영원한 생명이 될 뿐만 아니라 매일의 삶에 있어서도 하나님의 은혜를 받게 되는 유일한 소망이 됨을 찬송하고 있습니다. 심령이 가난한 사람은 자신의 죄를 슬퍼하고 전심으로 거룩함을 추구하며 살지만 그렇다고 결코 자신의 거룩함을 의뢰하지 않습니다. 오히려 누가복음 17:10과 같이 "우리는 무익한 종이라, 우리의 하여야 할 일을 한 것뿐이라"라고 말합니다.

대체로 우리는 자신의 죄와 잦은 실패로 말미암아 깊이 갈등하며 이러한 자신의 실상을 점점 더 깨닫게 될 때 심령이 가난하게 됩니다. 하지만 이는 또 다른 면에서 **행동하는 겸손**을 나타내는 모습이기도 합니다. 예를 들면, 심령이 가난한 사람은 그렇지 않은 사람들이 하듯이 자신의 죄는 최소화하고 다른 사람의 죄는 극대화하는 것이 아니라 오히려 그와 반대로 행합니다. 성전에서 가슴을 치면서 자신을 유일한 죄인으로 여기며 기도하던 세리와 같은 사람으로 생각합니다. 또한 자신을 죄인 중의 괴수라고 말한 사도 바울의 심정과도 동일시합니다. 심령이 가난한 사람은 자기 자신보다 남을 낫게 여깁니다. "나는 사도 중에 지극히 작은 자라"(고린도전서 15:9)라고 했고, "모든 성도 중에 지극히 작은 자보다 더 작은 나"(에베소서 3:8)라고 했던 사도 바울과 같은 마음입니다. 심령이 가난한 사람은 자기나 혹은 자신이 이룬 업적을 바라볼 때 "그러나 나의 나 된 것은 하나님의 은혜로 된 것이니"라고 거리낌 없이 말할 수 있는 사람입니다(고린도전서 15:10).

심령이 가난한 사람은 삶의 모든 영역에서 하나님과 하나님의 은혜가 없다면 자신은 아무것도 할 수 없는 존재라고 여깁니다. 자신의 "생명과 호흡"까지도 오로지 하나님께 달려 있음을 인정합니다(사도행전 17:25). 자신에게 있는 능력, 재능, 은사, 그리고 어떤 모양의 성취라도 모두 하나님께서 은혜로 주신 선물임을 거리낌 없이 인정합니다. 그는 고린도전서 4:7에서 "누가 너를 구별하였느뇨? 네게 있는 것 중에 받지 아니한 것이 무엇이뇨?"라고 한 말씀에 전적으로 공감합니다.

그러므로 심령이 가난한 사람은 자신을 자랑하거나 다른 사람에게 인정받기를 구하는 대신에, 사도 바울처럼 오직 주 예수 그리스도의 십자가만을 자랑합니다(갈라디아서 6:14).

심령이 가난한 사람은 하나님께서 자신의 삶에 허락하신 고난과 역경에 대해서도 불평하거나 한탄하지 않습니다. 오히려 자신의 삶에 여전히 남아 있는 큰 죄악을 슬퍼하며, 하나님께서 그러한 것을 사용하셔서 자신의 죄를 드러내시고 마침내 그 아들의 형상을 닮아 가도록 역사하여 주시리라 믿습니다(로마서 8:28-29, 히브리서 12:10-11 참조). 이에 대해서는 제4장에서 좀 더 다루게 됩니다.

심령이 가난한 사람은 하나님과 그 말씀에 대해 깊은 경외심을 가지고 있습니다. 우주 만물을 창조하시고 다스리시는 분께서 한낱 지렁이 같은 피조물에 불과하며 가뜩이나 죄가 많은 인간을 만나기 위해 자신을 한없이 낮추셨다는 사실에 그저 경이롭게 여길 뿐입니다. 따라서 심령이 가난한 사람은 기쁨으로 그분을 경배하고 찬양합니다. 전능하시고 거룩하시고 무한하신 분이시지만 동시에 우리 머리털까지도 세시는 자상하신 분을 경배한다는 사실만으로도 참으로 복되고 기쁜 일이기 때문입니다.

지금 내가 우리 인간의 처지를 지나치게 초라한 쪽으로 과소평가하는 것처럼 보입니까? 그렇게 생각하지 않습니다. 무엇보다 우리의 영적 상태를 나타내는 말로 '비참한 가난'이란 뜻의 '프토코스'를 선택하여 사용하신 분은 우리 주 예수님이시기 때문입니다. 만약 우리의 실상이 그렇지 않다면 그토록 강한 어투를 사용하시지 않았을 터입니다. 부자와 나사로 얘기, 그리고 성전에서 가슴을 찢으며 기도하던 세리 얘기를 들려주신 분도 예수님이십니다. 이를 통해 주님께서는 심령이 가난하다는 것이 진정 무엇을 의미하는지 잘 이해하도록 도와주셨습니다.

오늘날처럼 '자아 중심'이 만연하는 풍조 속에 살고 있는 우리는 자신의 본래 모습보다 스스로를 좀 더 나은 존재로 여기는 경향이 있습니다. 또한 자신의 인격이나 도덕성을 검증하고 싶으면 다른 사람과 비교해 보고 자신은 그들보다 좀 낫다고 생각합니다. 이러한 세태가 그리스도의 몸인 교회 안에도 점점 퍼지고 있다는 사실에 심히 걱정됩니다. 주위의 죄악 된 사회를 바라보며 바리새인처럼 기도할 위험도 있습니다. "하나님이여, 나는 다른 사람들 곧 토색, 불의, 간음을 하는 자들과 같지 아니하고 이 세리와도 같지 아니함을 감사하나이다"(누가복음 18:11).

이 장에서 심령이 가난하다는 것이 진실로 어떤 의미인지를 생각하면서 우리 중의 많은 사람은 "그렇다면 나는 진정으로 심령이 가난한 사람이 못됩니다"라고 고백할지 모릅니다. 하지만 그렇기 때문에 심령이 가난한 사람이 될 수 있도록 더욱 간절히 기도해야 합니다. 제1장에서 보았듯이 우리는 겸손을 추구하라는 하나님의 명령을 받았습니다. 나는 진정한 겸손은 '심령의 가난함'에서 시작되고 또 자라는 것임을 확신합니다. 끊임없이 우리를 얽매고 있는 죄악 된 태도와 습관에 부닥칠 때, 그리고 하나님께서 우리에게 기대하시는 수준에 얼마나 미치지 못하고 있는가를 절실히 깨달을 때, 비로소 우리는 **행동하는 겸손**을 향해 한 걸음씩 내딛기 시작합니다.

묵상을 위한 질문

1. 이 장을 통해 '가난하다'는 말에 대해 새롭게 알게 된 점은 무엇입니까? 나아가 '심령이 가난하다'는 의미에 대해 새롭게 깨닫게 된 사실은 무엇입니까?

2. 예수님의 성품을 닮아 가고 있는 그리스도인이 어떻게 영적으로 성장하면서 동시에 심령이 가난하게 될 수 있습니까?

3. 자신의 심령이 참으로 가난함을 깨달았을 때, 그다음 관심은 어디로 향해야 합니까?

4. 심령이 가난한 자는 다른 사람을 어떤 태도로 바라봅니까? 자기 자신에 대해서는? 하나님의 말씀에 대해서는? 자신이 처한 환경에 대해서는?

제 3 장

애통하는 자

> 애통하는 자는 복이 있나니
> 저희가 위로를 받을 것임이요.
> 마태복음 5:4

"**애**통하는 자는 복이 있나니"라는 구절은 내가 가장 부족함을 느끼며 다가가는 말씀입니다. 죄에 대해 진정으로 애통한 적이 별로 없었기 때문입니다. 물론 죄를 후회합니다. 지은 죄로 인해 안타까워하고 때로는 눈물까지 흘립니다. 그러나 예수님께서 "애통하는 자는 복이 있나니"라고 말씀하실 때는 마치 사람이 죽었을 때 애도하듯이 죄에 대하여 깊이 슬퍼함을 가리키십니다.

이 주제에 대해 다가갈 때 두 가지 사실을 마음에 두어야 합니다. 첫째, 이 성품은 모든 그리스도인에게 반드시 나타나야 하는 특징입니다. 둘째, 우리 중에 누구도 이 성품을 온전한 수준으로 나타낼 수 없다는 사실입니다. 성장하기에 가장 어려운 성품 중의 하나가 자신의 죄에 대하여 애통하는 것이라 생각합니다. 그렇지만 우리는 모두 온전한 수준으로 자라기를 간절히 원해야 합니다.

예수님께서 사용하신 애통이라는 말은 슬픔의 뜻을 가진 헬라어 낱말 중에서 가장 강력한 말입니다. 요셉이 죽었다고 생각하며 야곱이 비통해하는 장면에서 사용한 말입니다(창세기 37:34-35 참조). 또한 예수님의 죽음을 슬퍼하며 울고 있는 사람들을 가리킬 때도 사용된 말입니다(마가복음 16:10 참조). 예수님께서는 복을 받는 애통이 어느 정도인지를 알려 주시려고 이 말을 사용하셨습니다. 그러나 주님께서는 죽음이 아니라 죄에 대하여 애통하라고 말씀하십니다.

산상수훈에 나오는 팔복은 모두가 마음속의 태도를 얘기하고 있습니다. 이 구절에서는 각자의 개인적인 죄에 대한 자신의 태도에 대해 말씀하고 계십니다. 야고보서에서도 비슷한 점을 지적합니다.

> 하나님을 가까이하라. 그리하면 너희를 가까이하시리라. 죄인들아 손을 깨끗이 하라. 두마음을 품은 자들아 마음을 성결케 하라. 슬퍼하며 애통하며 울지어다. 너희 웃음을 애통으로, 너희 즐거움을 근심으로 바꿀지어다. 주 앞에서 낮추라. 그리하면 주께서 너희를 높이시리라. (야고보서 4:8-10)

애통하는 자에게 복이 있다는 주님의 말씀에서, 애통은 단순히 슬픈 감정이 아니라 자신의 죄에 대해 마음속 깊이 뉘우치고 슬퍼하며 눈물을 흘리는 것을 말합니다. 아마도 오늘날 자신의 죄에 대하여 이렇게 애통하는 그리스도인은 별로 없는 듯합니다. 그러나 예수님께서는 자신의 죄에 대해 이렇게 애통하는 사람이 축복을 받으리라고 말씀하셨습니다.

산상수훈에 나오는 팔복의 두 번째 특성인 '애통'은 자연스럽게 첫 번째 특성에 이어집니다. 즉 진정으로 심령이 가난한 사람만이 자신의 죄를 슬퍼하게 됩니다. '심령이 가난한 자'가 되려면 자신의 죄를 깨달아야 하며, '애통하는 자'가 되려면 그 죄를 통회해야 합니다.

시편 51편에 기록된 다윗의 기도는 죄에 대해 애통하는 좋은 모범이 됩니다. 이 기도를 살펴보기 전에 먼저 사무엘하 11:1-12:15에 기록된 내용을 돌아봅시다.

다윗왕은 두 가지 끔찍한 죄를 범했습니다. 하나는 간음이고 또 다른 하나는 간음을 은폐하기 위한 살인입니다(비록 자신이 직접 죽이지는 않았으나 본질적으로 살인입니다). 하나님께서는 선지자 나단을 보내어 다윗을 책망하셨습니다. 선지자 나단은 **업신여기다**라는 말을 두 번 사용하면서 다윗의 죄를 지혜롭게 책망하였습니다(사무엘하 12:7-11 참조). 다윗은 여호와의 말씀을 업신여겼고(9절), 그렇게 함으로써 그는 또한 하나님의 성품을 업신여겼습니다(10절).

하나님의 말씀을 업신여김은 하나님께 대한 거역이며, 말씀은 또한 하나님의 성품을 반영하기 때문에 곧 하나님의 성품을 업신여긴 것입니다. 이는 간음이나 살인과 같은 끔찍한 죄뿐만 아니라, 교만, 이기심, 시기와 험담과 같은 교묘한 죄에 대해서도 그대로 적용됩니다. 그러므로 우리는 죄가 실제로는 하나님의 통치에 대한 반역이며, 하나님의 말씀을 업신여김과 동시에 하나님의 성품을 업신여기는 것임을 제대로 깨닫게 해 주시도록 기도해야 합니다. 이러한 점을 염두에 두고 시편 51:1-5을 살펴보도록 하겠습니다.

하나님이여, 주의 인자를 좇아 나를 긍휼히 여기시며 주의 많은 자비를 좇아 내 죄과를 도말하소서. 나의 죄악을 말갛게 씻기시며, 나의 죄를 깨끗이 제하소서. 대저 나는 내 죄과를 아오니, 내 죄가 항상 내 앞에 있나이다. 내가 주께만 범죄하여 주의 목전에 악을 행하였사오니, 주께서 말씀하실 때에 "의로우시다" 하고 판단하실 때에 "순전하시다" 하리이다. 내가 죄악 중에 출생하였음이여. 모친이 죄 중에 나를 잉태하였나이다.

다윗은 자신의 범죄와 죄성을 그대로 인정했습니다. 또한 자신이 태어날 때부터 죄악 되었음을 인정했습니다. 죄인으로 태어났기 때문에 죄를 지을 수밖에 없었습니다.

그러나 그의 기도 중에 가장 주목할 대목은 아마도 "내가 주께만 범죄하여"라는 부분이라 생각합니다. 모든 죄는 근본적으로 하나님과 하나님의 말씀에 대한 거역입니다. 이웃에게 잘못한 일도 사실은 먼저 하나님의 말씀을 어긴 것입니다. 죄는 하나님의 영광을 거스르는 것입니다. 죄가 사람에게뿐 아니라 하나님을 대적하는 것임을 깨닫기 전까지는 죄가 얼마나 심각한지 모를 뿐만 아니라 죄에 대해 진정 애통할 수도 없습니다.

대체로 우리는 죄에 대해 생각할 때 먼저 그것이 자신에게 미칠 영향부터 생각하는 경향이 있습니다. 죄로 인해 죄책감을 느끼며, 또 그러한 죄책감을 느끼게 되는 것을 싫어합니다. 그다음에는 그 죄가 다른 사람에게 미치는 영향에 대해 생각합니다. 예를 들어, 험담이나 부주의한 말로 다른 사람의 명성에 금이 가게 할 수 있습니다. 그런데 곧장 그 일을 잊어버리거나 대수롭지 않게 여기고 그냥 넘어가곤 합니다.

하지만 그 죄가 하나님을 대적하고 있다는 사실을 깨닫지 못합니다. 죄는 하나님의 말씀을 어기는 것이며 하나님의 거룩한 성품을 더럽힙니다. 이 때문에 하나님께서는 죄를 미워하시며, 죄에 대해 무관심하거나 방관하실 수가 없습니다.

청교도들은 같은 낱말을 반복하여 "죄의 죄악 됨"이란 표현을 사용했는데 지금도 여전히 의미가 있습니다. 죄를 죄악 되게 만드는 게 무엇입니까? 그것은 죄가 하나님을 대적한다는 사실입니다. 이 사실을 마음속 깊이 깨닫기 전까지는 죄에 대해 결코 애통하는 마음을 가질 수가 없습니다. 이 때문에 다윗이 "내가 주께만 범죄하여"라고 한 자백이 그만큼 중요합니다.

다윗은 자신의 죄가 얼마나 심각한 것인지를 인정한 후에 이에 대한 해결책을 다음과 같이 고백합니다.

> 하나님의 구하시는 제사는 상한 심령이라. 하나님이여, 상하고 통회하는 마음을 주께서 멸시치 아니하시리이다. (시편 51:17)

자신의 죄가 얼마나 심각한 정도인지 깨달은 다윗은 상하고 통회하는 마음을 가질 수밖에 없었습니다. 혹시 다윗이 자신의 죄를 뉘우치고 통회하는 건 당연하다고 생각할지 모르겠습니다. 다윗은 밧세바와 간음을 저질렀고, 그의 남편을 전장에서 죽게 만든 장본인이기 때문입니다. 그런데 그런 흉악하고 가증한 죄를 통회하는 것과는 달리 우리의 일상생활 속의 평범한 죄는 평범한 정도로만 슬퍼하면 된다고 생각하진 않습니까? 비록 우리 눈에는 사소한 죄로 보일지라도 죄를 범할 때면 이는 곧 하나님의 법을 어기는 것입니다. 성경은 다음과 같이 말합니다. "누구든지 온 율법을 지키다가 그 하나에 거치면 모두 범한 자가 되나니"(야고보서 2:10). 하나님의 법은 이음매가 하나도 없는 통옷과 같이 완전무결합니다. 따라서 그중에 하나라도 어긴다면 하나님의 법 전체를 깨트리게 되는 것입니다. 우리에게는 우리가 따르기를 원하는 율법을 고르거나 선택할 권한이 없습니다. 또는 하나님께서 몇 개의 잘못은 눈감아 주시거나 이해해 주시리라고 기대할 수도 없습니다.

나는 시편 51편을 기도한 다윗의 심령에 전적으로 공감했던 적이 있습니다. 그때 나는 하나님께서 상하고 통회하는 심령을 멸시치 아니하신다는 말씀으로 크게 위로와 격려를 받았습니다. 어떤 파렴치한 죄를 범했기 때문이 아니라 나의 잘못된 동기가 문제였습니다.

한번은 우리 부부가 해외 어느 나라에 초청받은 적이 있었습니다. 초청받았을 때 '한번 가 보고 싶은 재미있는 곳이군' 하는 생각이 들었습니다. 아내와 상의한 후 곧바로 초청을 수락했습니다. 나를 초청한 기관이나 그 나라 사람들을 어떻게 섬길지는 안중에 별로 없었습니다. 그저 우리 자신만을 생각했습니다. 물론 하나님의 말씀을 전하고 가르치는 일로 일정이 분주하리라 예상하고 있었으며, 늘 하던 대로 잘 해내기를 원했습니다. 그러나 그곳에 가는 나의 동기는 하나님 중심이 아니라 자기중심이었습니다!

그 여행은 사역 면에서 볼 때 큰 실패였습니다. 24회 이상 말씀을 전하고 가르쳤지만 내가 전하는 말씀에 생명을 불어넣는 성령의 능력을 전혀 경험할 수 없었습니다.

그런 어려운 상황을 주님께 계속 기도했는데, 그럴 때마다 마치 하나님께서 "네가 왜 여기에 왔느냐?"라고 말씀하시는 것처럼 느껴졌습니다. 그 순간 나의 주된 동기가 우리의 즐거움이었지 하나님의 백성을 위함이 아니었음을 깨닫게 되었습니다.

하나님을 거스르는 매우 심각한 죄를 범했다는 사실을 깨닫기 시작하자 비로소 나의 마음은 상하고 통회하게 되었습니다. 바로 그때 시편 51:17 말씀이 큰 격려가 되었습니다. "하나님의 구하시는 제사는 상한 심령이라. 하나님이여, 상하고 통회하는 마음을 주께서 멸시치 아니하시리이다."

내가 돌이키자마자 하나님께서 상황을 즉시 바꾸어 주셨다고 말하고 싶지만 하나님께서는 그렇게 하지 않으셨습니다. 거기서 말씀을 가르치고 메시지를 전하는 내내 나의 마음은 무척 답답하고 힘겨웠습니다. 이 일을 통해 하나님께서는 내게 하나님 중심의 올바른 동기를 가져야 함을 마음속 깊이 깨닫게 해주셨습니다.

나는 아무리 사소할지라도 모든 죄가 심각한 것임을 강조하기 위하여 개인적인 이 경험을 얘기하곤 합니다. 이 사건에서 내가 겉으로 드러나는 어떤 잘못된 '행동'을 하지는 않았습니다. 단지 자기중심적인 동기로 행했을 뿐입니다. 그러나 하나님께서는 이를 기뻐하지 않으셨습니다.

예수님께서는 애통하는 자 곧 자신의 죄에 대하여 상하고 통회하는 자에게 복이 있다고 선포하셨습니다. 하지만 오늘날 주위를 돌아보면 죄에 대해 애통하는 모습을 거의 볼 수가 없습니다. 왜 그럴까요? 나는 우리가 우리 자신을 죄인으로 여기지 않기 때문이라고 생각합니다. 교만이나 이기심 그리고 다른 사람들을 판단하는 마음 등과 같은 죄를 심각하게 여기지 않습니다. 겉으로는 누가복음 18:11의 바리새인처럼 "하나님이여, 나는 다른 사람들과 같지 아니함을 감사하나이다"라고 하지는 않겠지만, 마음속 깊은 곳을 살펴보면 우리 또한 바리새인의 태도와 별반 다를 바가 없음을 인정할 수밖에 없습니다.

그러면 죄에 대해 애통하는 것은 예수님을 처음 믿는 사람에게만 해당되는 일일까요? 전혀 그렇지 않습니다. 예수님께서는 분명 현재 시제로 말씀하고 계십니다. 주님의 말씀을 좀 더 자세히 표현하자면 '끊임없이 애통하는 자는 복이 있나니'라고 할 수 있습니다. 주님께서는 자신의 죄에 대하여 지속적으로 애통하는 사람에게 복을 선포하고 계십니다. 영적으로 성장하는 그리스도인에게 나타나는 한 가지 분명한 특징은 자신의 죄에 대해 더욱 민감해지며 끊임없이 그 죄를 애통한다는 점입니다.

이제 다음으로 죄에 대해 애통하면 어떤 축복이 있는지 살펴보고자 합니다. 예수님께서는 "애통하는 자는 복이 있나니 저희가 위로를 받을 것임이요"라고 말씀하셨습니다. 어떻게 위로를 받을까요? 나는 이것이 하나님의 용서를 경험하는 삶이라 생각합니다. 이는 "죄가 더한 곳에 은혜가 더욱 넘쳤나니"(로마서 5:20)라는 말씀을 경험하는 것이며, "너희 죄가 주홍 같을지라도 눈과 같이 희어질 것이요"(이사야 1:18)라는 약속을 확신하는 것입니다.

시편 51편에서 다윗이 어떻게 끝을 맺었는지 눈여겨보십시오. 다윗은 하나님께서는 상하고 통회하는 마음을 멸시치 아니하시리라는 확신이 있었습니다. 이는 단순히 다윗 자신의 의견이나 희망 사항이 아닙니다. 우리가 다시 기억해야 할 점은 성경은 성령의 감동하심을 받아 기록되었다는 사실입니다(베드로후서 1:21). 그러므로 다윗은 성령께서 인도하시고 가르쳐 주신 바를 기록한 것입니다. 따라서 이는 하나님께서 다음과 같이 말씀하시는 것으로 받을 수 있습니다. "나는 상하고 통회하는 마음을 결코 멸시하지 않을 것이다." 이 말씀을 깊이 묵상해 보십시오. 자신의 죄에 대해 애통하는 사람이 받을 수 있는 가장 큰 위로는 무엇이겠습니까? 그것은 곧 하나님께서는 상하고 통회하는 마음을 결코 멸시치 않으신다는 사실이 아닐까요?

앞에서 살펴본 바와 같이 예수님께서 사용하신 '애통'이란 말은 사랑하는 이의 죽음을 슬퍼할 때 쓰는 말입니다. 이를 통해 주님께서는 우리의 죄에 대하여 얼마만큼 애통해야 하는지를 보여 주셨다고 생각합니다. 물론 이 두 가지 애통 사이에는 큰 차이가 있습니다. 사랑하는 이의 죽음인 경우에는 그 사람을 몹시 그리워하며, 이 세상에서는 다시 볼 소망이 없다는 생각으로 비탄에 잠겨 마음속 깊이 애통하게 됩니다. 특히 갑작스럽고 예기치 못한 죽음인 경우에는 더욱 그러할 것이며, 다만 영생의 소망이 그나마 위로해 줄 뿐입니다.

하지만 죄에 대한 애통은 이와 다릅니다. 죽음과는 달리 지금 이곳에서 소망이 있습니다. 그 죄를 십자가 앞에 가지고 나아가 자백한다면 즉각적인 용서를 경험할 수 있습니다. 하나님께서는 상하고 통회하는 마음을 멸시치 않으시며 그 죄악을 결코 기억하지 않으신다는 진리를 경험하게 됩니다(히브리서 10:17).

바로 이 진리 때문에 우리는 자신의 죄에 대하여 정직할 수가 있고 죄를 감추거나 변명하려고 애쓴다든지 또는 죄에 짓눌려 있을 필요가 없습니다. 대신에 죄가 참으로 하나님을 대적하는 악하고 비열한 것임을 그대로 볼 수 있게 됩니다.

그런데 문제는 우리 안에 여전히 도사리고 있는 죄의 심각성을 우리가 제대로 깨닫지 못한다는 데 있습니다. 우리의 모든 것을 다하여 하나님을 사랑하지 못하고 이웃을 우리 몸처럼 사랑하지 못한다면, 예수 그리스도의 대속이 아니면 결국에는 하나님의 저주 아래 있게 된다는 사실을 올바로 깨닫지 못하고 있습니다(갈라디아서 3:10). 지극히 높고 무한하신 하나님의 거룩하심과 우리 자신이 내세울 최고의 의로움 사이에는 측량할 수 없는 거대한 틈이 있음을 깨닫지 못합니다. 간단히 말해서, 우리 자신을 그렇게 나쁜 사람으로 생각하지 않고 있습니다. 하지만 우리는 비록 구원받은 죄인임은 분명하지만 여전히 매일의 삶에서 하나님의 용서하시는 은혜가 절대적으로 필요한 습관적인 죄인에 불과합니다.

그러므로 자신의 죄에 대해 애통하는 것이야말로 **행동하는 겸손**의 중요한 모습입니다. 진정 자신의 죄를 애통하고 통회한다면 다른 사람에 대하여, 심지어 믿지 않는 사람에 대하여도 판단하지 않게 됩니다.

산상수훈의 이 교훈에서 꼭 적용해야 할 한 가지가 더 있습니다. 예수님께서 사용하신 '애통'이라는 말을 '죄를 애통한다'는 뜻으로 쓰인 곳이 성경에 두 차례 더 있습니다. 야고보서 4:9 "슬퍼하며 애통하며 울지어다. 너희 웃음을 애통으로, 너희 즐거움을 근심으로 바꿀지어다"라는 말씀과 고린도전서 5:2 "그리하고도 너희가 오히려 교만하여져서 어찌하여 통한히 여기지 아니하고 그 일 행한 자를 너희 중에서 물리치지 아니하였느냐?"라는 말씀에서 나옵니다. 야고보서에서는 우리 자신의 죄에 대해 사용한 반면 고린도전서에서는 다른 사람의 죄에 대해 사용하였습니다. 고린도전서에서는 오늘날 우리 문화에 더욱 적용해야 할 교훈이 들어 있다고 생각합니다.

의심할 여지없이 우리 사회는 갈수록 점점 더 심각한 죄 가운데로 빠져들고 있습니다. 폭력과 살인, 부도덕과 거짓말, 시기와 비난 등 갖가지 비열한 죄들이 매연처럼 가득합니다. 이런 죄에 대해 어떤 태도를 가져야 합니까? 세 가지 선택을 생각할 수 있습니다. 그냥 묵인하거나, 아니면 비난하거나, 아니면 이에 대해 애통하는 것입니다. 분명 죄를 용납하지는 않겠지만, 대부분은 그저 비난하는 데 그치고 만다고 생각합니다.

세 번째 선택이 우리가 추구해야 할 바입니다. 포로 생활에서 유대인들이 귀환할 때에 에스라가 보여 주었던 태도가 이에 대한 좋은 예가 됩니다. 에스라는 경건한 사람이었습니다. "에스라가 여호와의 율법을 연구하여 준행하며 율례와 규례를 이스라엘에게 가르치기로 결심하였었더라"(에스라 7:10). 경건한 에스라는 백성들의 죄를 자신의 것으로 여기고 그 죄에 대해 애통하였습니다. 포로 생활에서 돌아온 백성들이 또다시 이방신을 섬기는 사람들과 결혼하기 시작했다는 말을 들었을 때, 에스라는 자신의 옷을 찢고(이는 깊은 애통을 표현함) 다음과 같이 기도했습니다.

> 나의 하나님이여, 내가 부끄러워 낯이 뜨뜻하여 감히 나의 하나님을 향하여 얼굴을 들지 못하오니 이는 우리 죄악이 많아 정수리에 넘치고 우리 허물이 커서 하늘에 미침이니이다. (에스라 9:6)

에스라가 백성들의 죄에 대해 자신과 동일시한 사실을 주목해 보시기 바랍니다. 에스라는 '우리' 죄악과 '우리' 허물이라고 했습니다. 오늘날에도 이와 같은 태도를 가져야 한다고 믿습니다. 세속적인 문화에서 한 걸음 떨어져 아무것도 하지 않으면서 그저 자신의 의에 빠져서 다른 사람을 정죄하고 비난하는 태도를 갖기가 너무도 쉽습니다. 그러나 자신의 죄에 대해 깊이 애통하는 사람은 오히려 우리 사회의 죄와 악한 행실에 대해 깊이 애통하면서, 우리에게 긍휼을 베풀어 주신 하나님께서 우리 이웃 사람들 모두에게도 동일한 긍휼을 베풀어 주시기를 간절히 기도하게 됩니다. 이는 **행동하는 겸손**의 또 다른 모습입니다.

묵상을 위한 질문

1. 죄를 '애통하는 것'과 죄에 대해 후회하거나 심지어 눈물을 흘리며 슬퍼하는 것과는 어떤 차이가 있습니까?

2. 최근에 자신의 죄에 대해 진정으로 애통한 적이 있다면 언제입니까? 이는 자신의 자아상에 어떤 영향을 주었습니까? 다른 사람과의 관계에서는? 하나님과의 관계에서는?

3. 야고보서 2:10에서 "누구든지 온 율법을 지키다가 그 하나에 거치면 모두 범한 자가 되나니"라고 했습니다. 이것이 왜 자명한 진리입니까? 자신에게 있는 '지극히 사소한' 죄를 깨닫게 되면 어떻게 해야 합니까?

4. 자신의 죄를 애통하는 것이 어떻게 교만의 해독제가 될 수 있습니까?

제 4 장

온유한 자

온유한 자는 복이 있나니
저희가 땅을 기업으로 받을 것임이요.
마태복음 5:5

큰 기업을 운영하는 내 친구가 산상수훈의 팔복에 관한 나의 메시지를 녹음 파일로 듣고 있다가 '온유함'에 대한 부분에 이르렀을 때, 이 대목은 그냥 뛰어넘었다고 내게 말했습니다. 대부분의 사람처럼 그도 온유한 자가 되는 데에는 별로 흥미가 없었습니다. 일반적으로 온유한 사람이라고 하면 조용조용하고 소심하고 다른 사람에게 쉽게 휘둘리거나 겁이 많은 사람이라고 생각합니다. 독자들 중에는 아주 오래전에 유행하던 '캐스퍼 밀크토스트'란 만화 캐릭터가 생각나는 분도 있을 터입니다. 그는 매우 소심한 사람이었습니다. 예를 들면, 자기 모자가 바람에 날려 잔디밭에 떨어졌는데 '잔디밭 출입금지'라는 팻말을 보고서는 모자를 새로 사야겠다고 심각하게 고민한다거나, 인구조사

원이 방문하여 "당신이 이 집의 가장입니까?"라고 질문하자 옆에 서 있는 아내의 얼굴을 힐끔 쳐다보며 눈치를 살핀다든지, 태풍이 불어 이웃집 나무가 그의 집을 덮쳤는데 이웃 사람이 도리어 "밀크토스트 선생, 언제 그 나무를 제자리에 돌려놓을 셈이요?"라고 큰소리를 쳐도 아무 대답을 하지 못하는 모습을 보입니다. 대개는 이 만화 캐릭터와 같은 모습을 온유함이라고 생각합니다.

그러나 예수님께서 사용하신 '온유'라는 말은 그와 전혀 다른 의미입니다. '온유함'이란 조용조용하고 소심하고 다른 사람에게 쉽게 휘둘리는 게 아닙니다. 또는 타고난 친절함도 아닙니다. 사실 '온유함'이란 개인의 기질이나 인성과는 상관이 없습니다. 이는 우리 안에 거하시는 성령의 역사이며 매일의 삶에서 계발될 수 있고 또 계발되어야만 하는 성품이기도 합니다.

'온유'라는 말의 헬라어(프라우스)에는 문맥에 따라 다양한 뜻이 있습니다. 이 책에서는 '온유함'의 의미를, '우리 마음을 상하게 하는 다른 사람의 행동에 대한 우리의 반응', 혹은 '하나님께서 우리 삶에 허락하신 고난과 역경에 대한 우리의 반응'이라고 정하도록 하겠습니다. 그렇게 되면 온유함은 두 가지 표현으로 나타납니다. 첫째는 하나님께 대해서, 그다음은 다른 사람에 대해서입니다. 하나님께 대한 온유함은 또 다음과 같이 두 가지 면으로 다루게 됩니다.

▶ 하나님의 말씀에 민감함
▶ 하나님의 섭리에 순복함

하나님의 말씀에 민감함. 하나님의 말씀에 민감한 반응을 보인다는 말은 하나님의 말씀에 '심령이 가난한 자'의 태도로 다가가는 것임을 말합니다. 즉 자신의 마음에 여전히 믿음이 없고 죄가 많으며 이를 마땅히 드러내고 돌이켜 올바로 다루어야 한다는 사실을 인정하는 태도입니다. 온유한 사람은 "그러므로 하늘에 계신 너희 아버지의 온전하심과 같이 너희도 온전하라"(마태복음 5:48)라는 말씀을 대할 때, 자신이 겉으로는 성품이 좋은 사람으로 보일지 몰라도 하나님의 완전한 의로우심에는 전혀 미치지 못하며, 오직 예수 그리스도의 완전한 의로우심 안에서만 자신이 발견될 수 있을 뿐임을 깨닫는 사람입니다.

오늘날 우리 주위에는 하나님의 말씀을 '행하는 자'보다 말씀을 그냥 지식적으로만 '아는 자'가 더 많아 보입니다. 주일에 교회에 나가 은혜가 넘치고 도전적인 설교를 들으며, 들은 내용에 전적으로 공감합니다. 설교를 듣고 나서는 너무나 은혜롭고 즐거운 시간이었다고 말하기까지 합니다. 그러나 일단 교회 문을 나서면 들었던 설교를 까맣게 잊고 지냅니다. 주일 성경공부에 대해서도 대체적으로 마찬가지입니다. 집에서 성경공부를 준비하고, 교회에 함께 모여서 공부한 내용을 토의합니다. 그러나 배운 바를 집으로 가져가지는 않습니다. 즉 배운 것을 일상의 삶에 어떻게 적용할지 묵상하며 구체적으로 기도하거나 찾지를 않습니다. "마음에 심긴 도", 즉 하나님의 말씀을 온유함으로 받지 않고 있는 것입니다(야고보서 1:21). 반면에 너무나도 자주 성경 말씀을 우리 자신이 아니라 다른 사람을 판단하는 도구로 사용합니다. 특히 다른 사람의 죄가 우리의 죄보다 노골적이고 명백해 보일 때는 더욱 그렇습니다. 그러나 온유한 사람은 성경 말씀을 간절한 마음으로 탐구하며 말씀이 가르쳐 주는 교훈을 귀 기울여 듣고자 합니다. 다른 사람을 판단하기 위해서가 아니라 성령께서 자기 자신을 판단해 주시기를 구하기 위해서입니다. 성령께서 말씀을 사용하셔서 자신의 속사람에 근본적인 변화가 생기도록 역사해 주시기를 간절히 구합니다.

여기서 우리는 산상수훈의 팔복에 나타나는 여러 성품이 서로 어우러지면서 서로가 서로를 세워 주고 있음을 볼 수 있습니다. 자신이 참으로 가난함을 인정할 줄 아는 사람, 즉 심령이 가난한 사람만이, 그리고 자신의 죄에 대해 애통하는 사람만이, 예수님의 성품을 더욱 닮기 위해 하나님의 말씀에 더욱 민감하게 반응하게 되고 자신의 죄를 올바로 다루게 됩니다.

하나님의 섭리에 순복함은 먼저 그 뜻을 이해할 필요가 있습니다. 이 책에서는 '섭리'를 모든 창조물에 대한 하나님의 절대주권적인 통치를 의미하는 말로 사용합니다. 모든 사건과 환경을 다스리시고 주관하셔서 오케스트라의 지휘자처럼 아름답게 연주

하심으로 하나님의 목적과 뜻을 이루어 가신다는 뜻입니다. 이를 보완하기 위해 다음 구절을 묵상해 보면 도움이 됩니다.

> 만군의 여호와께서 경영하셨은즉 누가 능히 그것을 폐하며, 그 손을 펴셨은즉 누가 능히 그것을 돌이키랴. (이사야 14:27)

> 너희는 옛적 일을 기억하라. 나는 하나님이라. 나 외에 다른 이가 없느니라. 나는 하나님이라. 나 같은 이가 없느니라. 내가 종말을 처음부터 고하며 아직 이루지 아니한 일을 옛적부터 보이고 이르기를 "나의 모략이 설 것이니 내가 나의 모든 기뻐하는 것을 이루리라" 하였노라. (이사야 46:9-10)

> 땅의 모든 거민을 없는 것같이 여기시며, 하늘의 군사에게든지 땅의 거민에게든지 그는 자기 뜻대로 행하시나니, 누가 그의 손을 금하든지 혹시 이르기를 "네가 무엇을 하느냐?" 할 자가 없도다. (다니엘 4:35)

> 들으라. 너희 중에 말하기를 "오늘이나 내일이나 우리가 아무 도시에 가서 거기서 일 년을 유하며 장사하여 이를 보리라" 하는 자들아, 내일 일을 너희가 알지 못하는도다. 너희 생명이 무엇이뇨? 너희는 잠깐 보이다가 없어지는 안개니라. 너희가 도리어 말하기를 "주의 뜻이면 우리가 살기도 하고 이것저것을 하리라" 할 것이거늘. (야고보서 4:13-15)

하나님께서는 하고자 하시는 바대로 행하시는 분이시며, 하나님의 뜻이 아니면 우리는 그 어느 것도 할 수가 없습니다. 그렇다면 이것만이 우리가 하나님께 대해 알고 있는 전부라면 정말 끔찍한 일이겠지요. 하지만 하나님께서는 절대주권을 가지셨을 뿐만 아니라 우리를 향한 사랑이 한량없으시고 그 지혜가 무궁하십니다. 우리의 짧은 이해력으로는 도저히 다 헤아릴 수가 없습니다.

따라서 하나님의 섭리에 순복하려면 우리의 성품 속에 변화되어야 할 부분이 많다는 사실을 인정해야 합니다. 우리 속에 그러한 변화와 성장을 이루기 위해 하나님께서는 한 가지 방법으로 고난과 역경을 사용하시기도 합니다(히브리서 12:5-11 참조). 하나님의 섭리에 순복한다는 것은 일상생활에서 힘들고 고통스러운 일을 겪을 때, 비록 그것이 다른 사람의 행동에 의해 생겼을지라도, 사실은 한없는 사랑과 무궁한 지혜를 가지신 하나님 아버지의 절대주권 아래에 있음을 인정한다는 뜻입니다. 또한 그 모든 일이 우리가 보기에 선할 수도 있고 악할 수도 있지만, 결국 하나님께서 역사하셔서 우리가 그리스도의 형상을 더욱 닮아 가도록 합력하여 선을 이룬다는 사실을 믿는다는 뜻입니다(로마서 8:28-29). 나아가 환경 그 자체로는 감사하기가 어려울 수도 있지만, 하나님께서 그 환경을 통해 우리로 그리스도를 더욱 닮아 가도록 역사하신다는 약속이 있기 때문에 범사에 감사하게 된다는 말입니다(데살로니가전서 5:18).

최근 나의 삶을 보면 범사에 감사하기가 참으로 어려운 일임을 고백하게 됩니다. 다른 무엇보다도 몇 가지 심각한 건강 문제에 대처해야 하는데, 이로 인해 나의 삶은 더욱 힘들고 어려워지고 있습니다.

앞에서 나는 하나님께서는 모든 환경을 사용하셔서 우리가 그리스도의 형상을 더욱 닮아 가도록 역사하신다고 말했습니다. 이 말은 미래에 대한 약속으로는 매우 훌륭합니다만 그러나 오늘 당장은 어떻습니까? 당장 여러 가지 불편하고 고통스런 일을 겪고 있을 때는 어떻게 해야 합니까? 이를 위해 히브리서 13:5 후반부 말씀을 묵상했습니다. 하나님께서 "내가 **과연** 너희를 버리지 아니하고 **과연** 너희를 떠나지 아니하리라" 하고 약속하셨습니다. '과연'이라는 말을 두 번씩이나 반복하시면서 우리를 결코 버리지 아니하시고 결코 떠나지 아니하리라고 힘주어 말씀하셨습니다.

그래서 기도하였습니다. "하나님, 지금이 제게 매우 힘든 시기입니다. 그렇지만 주님께서는 제게 두 가지를 약속하셨습니다. 이 상황에서 결코 저를 버리지 아니하시겠다고 하셨습니다. 그리고 이 고난 속에서도 주님의 무궁하신 지혜로 제가 더욱 그리스도를 닮아 가도록 역사해 주시겠다고 하셨습니다."

하나님께서 어떤 방법을 통해 이를 이루실지 나는 알지 못하며, 언제 구체적인 결말이 나올지도 알지 못합니다. 그러나 하나님께서는 분명히 그 약속을 이루시리라 믿습니다. 몇 달 전에 나는 하나님의 섭리가 무엇인지 이해하기가 어려운 상황에서 안달하며 하나님과 씨름했습니다. 그때 마치 하나님께서 내 마음에 다음과 같이 말씀하신다는 생각이 들었습니다. "제리, 네가 원하는 게 무엇이냐? 이 어려운 상황을 그냥 없애 주랴? 아니면 이를 사용하여 너를 내 아들의 형상을 더욱 닮아 가도록 하랴?" 이런 생각에 잠겨 있을 때에 하나님께서는 내게 온유한 마음을 주셨고, 마침내 나는 하나님께서 하고 계신 일을 잠잠히 받아들일 수 있게 되었습니다.

이 장에서 지금까지는 '하나님께 대한' 온유함을 다루었습니다. 예수님께서는 온유함의 다른 면에 대해서도 교훈을 주셨습니다. 곧 '사람에 대한' 온유함입니다. 청교도였던 토머스 왓슨은 '사람에 대한 온유함'에 대하여 세 가지 측면에서 다루었습니다. 즉 다른 사람의 모욕이나 무례함에 대하여 첫째 참고, 둘째 용서하며, 셋째 악을 선으로 갚는 것입니다. 그러면 이런 세 가지 요소가 우리들의 일상생활에서 어떻게 나타나는지 살펴봅시다.

첫째, '모욕이나 무례함을 참음'은 나에게 모욕이나 상처를 주는 사람에게 온유하게 대응하는 것입니다. 자신에 대한 부당한 비판이나 험담, 심하면 근거 없는 비방일 수도 있습니다. 당신에게 직접 대놓고 깎아내리는 말을 들을 수도 있고, 다른 사람의 모함으로 승진에서 탈락될 수도 있습니다. 이 외에도 사람들에게서 받는 상처가 많이 있습니다.

이런 상황에서 온유함이란 어떠해야 합니까? 사도 베드로가 예수님께 대해 기록한 말씀이 도움이 됩니다.

> 욕을 받으시되 대신 욕하지 아니하시고, 고난을 받으시되 위협하지 아니하시고, 오직 공의로 심판하시는 자에게 부탁하시며. (베드로전서 2:23)

모욕이나 상처를 주는 이에 대한 온유한 대응으로 예수님께서 친히 본을 보여 주셨습니다. 어떤 그리스도인들은 그러한 일에 강력하게 맞서 대응해야 한다고 주장하기도 합니다. 그러나 예수님께서는 악한 사람들에게 십자가에 못 박히시는 것을 허락하셨습니다.

우리의 온유함이 가장 큰 시험을 받을 때는 다른 사람들이 우리에게 준 상처를 어떤 방식으로 대응할지를 결정할 때입니다. 우리 그리스도인은 다른 사람들을 향하여 원망을 품기보다 하나님께서 이 모든 상황을 사용하셔서 우리를 위해 합력하여 선을 이루어 주시리라 믿고 우리 자신을 하나님께 의탁해야 합니다.

두 번째로 온유함은 '다른 사람의 죄를 용서함'으로 나타납니다. 다른 사람을 용서함에 대해 잘 알려진 구절은 마태복음 18:23-35에 나오는 용서치 않는 종의 예화입니다. 이 구절은 제6장에서 더 깊이 묵상하게 됩니다. 지금은 우선 다음 구절을 살펴보도록 하겠습니다.

> 서로 인자하게 하며 불쌍히 여기며 서로 용서하기를 하나님이 그리스도 안에서 너희를 용서하심과 같이 하라. (에베소서 4:32)

> 누가 뉘게 혐의가 있거든 서로 용납하여 피차 용서하되 주께서 너희를 용서하신 것과 같이 너희도 그리하고. (골로새서 3:13)

에베소서와 골로새서는 거의 같은 시기에 기록되었습니다. 그러므로 사도 바울이 두 서신서에서 용서에 대해 근본적으로 동일한 내용을 쓴 점이 그리 놀랄 일은 아닙니다. "너희를 용서하심과 같이 하라", 그리고 "너희를 용서하신 것과 같이 너희도 그리하고"라는 표현을 보면 서로 용서하는 일은 우리가 하나님께 받은 용서와 긴밀하게 연관되어 있음을 알 수 있습니다.

이러한 생각은 산상수훈 팔복의 첫 번째인 "심령이 가난한 자"를 다시금 떠올리게 합니다. 다른 사람을 용서하려는 마음은 우리가 하나님께 얼마나 큰 용서를 받았는지를 마음속 깊은 곳에서부터 깨닫는 정도에 비례한다고 할 수 있습니다. 만약 우리가 세상의 파렴치한 죄를 범하지 않고 비교적 고상한 생활 습관을 유지하며 스스로 만족스러운 삶을 살고 있다고 생각한다면, 그리고 우리가 끊임없이 용서받을 필요가 있는 죄인임을 깨닫지 못한다면, 우리에게 죄를 범한 다른 사람을 용서하기가 쉽지 않습니다.

그러나 진정 "심령이 가난한 자"는 자신의 마음속 밑바닥에 여전히 많은 죄악과 더러움이 똬리를 틀고 있다는 사실을 깊이 깨닫습니다. 비록 새 마음을 받았지만(에스겔 36:26), 우리의 마음은 만물보다 거짓되고 심히 부패하였으며 우리 마음속에 있는 죄 된 본성은 매일의 삶에서 성령을 거스르고 있음을 잘 알고 있습니다(예레미야 17:9, 갈라디아서 5:17 참조).

우리는 골로새서 3:13의 "너희도 그리하고"라는 말씀으로 돌아가야 합니다. 사실 사도 바울은 우리에게는 선택권이 없다고 말합니다. 왜냐하면 우리가 너무나 큰 용서를 받았기 때문에 우리에게 죄를 지은 사람을 마땅히 용서해야 합니다. 그러면서도 다른 사람을 용서하는 우리의 동기는 의무감이 아니라 우리가 얼마나 큰 용서를 받았는가를 깨닫는 마음에서 나와야 합니다.

에베소서와 골로새서를 기록한 비슷한 시기에 빌레몬에게 보낸 사도 바울의 또 다른 편지를 생각해 봅니다. 빌레몬은 분명 부자였습니다. 그의 집은 교회를 다 수용할 만큼 컸기 때문입니다. 빌레몬에게는 오네시모라는 종이 있었는데, 어느 날 도망을 쳤지만 결국에는 로마의 감옥에서 사도 바울을 만났습니다. 바울은 그를 그리스도께로 인도하였습니다. 빌레몬 1:10에는 "갇힌 중에서 낳은 아들 오네시모를 위하여 네게 간구하노라"라고 기록되어 있습니다.

그런데 바울에게 곤란한 문제가 생겼습니다. 오네시모는 사실 그의 상전이요 주인인 빌레몬에게 돌려보내야 했습니다. 바울은 빌레몬이 오네시모를 용서할 뿐만 아니라 "사랑받는 형제로" 받아 주기를 원했습니다(16절).

빌레몬에게 쓴 이 서신에서 사도 바울이 자신의 소원을 어떻게 다루었는지 살펴봅시다.

> 이러므로 내가 그리스도 안에서 많은 담력을 가지고 네게 마땅한 일로 명할 수 있으나 사랑을 인하여 도리어 간구하노니 나이 많은 나 바울은 지금 또 예수 그리스도를 위하여 갇힌 자 되어. (빌레몬 1:8-9)

바울은 이렇게 당부하는 셈입니다. "빌레몬, 나는 네게 현명한 선택을 하라고 명령할 수도 있다. 사실 오네시모를 용서하는 것 말고는 선택의 여지가 없다. 너에게는 용서할 의무가 있다. 그렇지 않으면 하나님께 죄를 짓게 된다." 그러나 바울은 다음과 같이 덧붙였습니다. "그렇지만 사랑을 인하여 네게 간절히 요청한다." 바울은 빌레몬이 '마땅히' 해야 할 바를 '자원함'으로 하길 바랐습니다.

빌레몬서의 행간을 읽어 보면 오네시모는 주인에게서 도망치기만 한 게 아니라 그 과정에서 뭔가를 훔쳤던 것으로 보입니다. 그래서 사도 바울은 18-19절에서 다음과 같이 기록했습니다.

> 저가 만일 네게 불의를 하였거나 네게 진 것이 있거든 이것을 내게로 회계하라. 나 바울이 친필로 쓰노니 내가 갚으려니와 너는 이 외에 네 자신으로 내게 빚진 것을 내가 말하지 아니하노라.

참으로 가슴을 뭉클하게 울리는 말입니다. 감옥에 갇힌 바울이 "이것을 내게로 회계하라"라고 말했습니다. 이는 예수님께서 아버지 하나님께 올린 말씀을 떠올리게 합니다. "아버지여, 제리 브릿지즈가 지은 죄를 제게로 회계하여 주십시오." 그러면서 예수님께서는 십자가에서 죽으심으로 나의 모든 죗값을 지불하셨습니다. 바울은 "내가 갚겠다"라고 말했지만, 동시에 빌레몬에게 자신이 바울에게 빚진 게 있음을 상기시켰습니다. 바울이 빌레몬을 주님께로 인도했기 때문입니다. 우리의 구원도 전적으로 그리스도께 빚을 진 셈입니다. 그러기에 주님께서는 "내가 너희를 용서한 것과 같이 너희도 서로 용서하라"라고 말씀하십니다 (에베소서 4:32).

바울이 빌레몬에게 보낸 이 편지는 지극히 사적이며 개인적인 내용을 담고 있지만 하나의 서신 그 이상이라고 생각합니다. 이는 성령의 감동하심을 받은 성경 말씀의 한 부분입니다. 즉 하나님의 말씀이며 하나님께서는 섭리 가운데 이 서신을 성경의 한 부분이 되게 하셨습니다. 이 짧은 서신을 통해 우리는 하나님께서 예수 그리스도 안에서 우리를 위해 해 주신 일을 다시금 기억하고 되새기게 됩니다.

예수님을 믿기 전에 우리가 어떤 사람이었는지를 생각해 봅시다. 에베소서 2:1-3을 보면, 우리는 허물과 죄로 말미암아 죽었던 존재였고, 이 세상 풍속을 좇았으며, 공중의 권세 잡은 자 곧 사탄의 종이었고, 우리 육체의 욕심을 따라 지내며 육체와 마음의 원하는 것을 하여 본질상 진노의 자녀였습니다. 이는 오네시모의 처지보다 훨씬 더 심각한 상태가 아닐까요? 그러나 긍휼에 풍성하신 하나님께서는 우리의 엄청난 죄의 빚을 용서해 주셨을 뿐만 아니라, 우리를 그리스도와 함께 일으켜 주셔서 그리스도 예수 안에서 함께 하늘에 앉혀 주셨습니다(골로새서 2:13-14, 에베소서 2:6 참조).

그러므로 우리는 하나님께서 우리를 용서하신 것처럼 다른 사람을 용서해야 합니다. 이는 하나님의 명령입니다. 나아가 하나님께서는 우리가 명령 때문만이 아니라 사랑 때문에 용서하기를 원하십니다. 우리가 사랑으로 용서할 수 있도록 동기를 주는 유일한 길은 "심령이 가난한 자"가 되는 것이며, 하나님께서 얼마나 큰 사랑으로 우리를 용서하셨는지를 깨닫게 되는 것입니다.

다른 사람을 향한 온유함의 세 번째는 '악을 선으로 갚음'입니다. 로마서 12:14-21에 이 내용이 잘 나와 있습니다.

> 너희를 핍박하는 자를 축복하라. 축복하고 저주하지 말라. (14절)

> 아무에게도 악으로 악을 갚지 말고 모든 사람 앞에서 선한 일을 도모하라. (17절)

> 내 사랑하는 자들아, 너희가 친히 원수를 갚지 말고 진노하심에 맡기라. 기록되었으되 "원수 갚는 것이 내게 있으니 내가 갚으리라"고 주께서 말씀하시니라. (19절)

오늘날 서구에서 기독교인이라고 해서 핍박받는 일은 거의 없습니다(제9장 참조). 그러므로 이 말씀을 현재 우리의 삶에 적용하기 위해서는 '핍박'이라는 말의 뜻을 새롭게 생각해 볼 필요가 있습니다. 우리 마음에 상처를 주고, 비방하고, 속이고, 혹은 승진 길을 막는 등 어떤 형태로든 우리에게 피해를 주는 것을 핍박이라고 할 수 있습니다. 그런데 이에 대한 성경의 가르침은 이 같은 일을 행하는 사람을 축복하고 저주하지 말라는 말씀입니다. 받아들이기가 참으로 쉽지 않은 말씀입니다. 어떻게 그렇게 할 수 있을까요?

우선은, 사람을 축복하는 가장 좋은 방법은 그를 위해 기도하는 것입니다. 손해를 끼치고 상처를 준 가해자가 때로는 가까이 있는 믿는 사람일 경우도 있습니다. 하나님께서 우리를 축복해 주시길 바라는 내용으로 그들도 축복해 주시길 기도할 수 있습니다. 만약 가해자가 믿지 않는 자라면 하나님께서 그를 인도하셔서 복음을 듣게 해 주시고 그리스도를 믿고 구원을 받도록 기도할 수 있습니다.

대체로 우리는 드러내 놓고 악을 악으로 갚거나, 비방하는 사람을 되받아 비방하지는 않습니다. 그러나 슬프게도 믿는 사람들의 모임 안에서 이와 같은 일이 일어나 서로 근거 없는 비방이 오가는 일이 생기기도 합니다.

어떤 일이 있더라도 악을 악으로 갚거나 보복하려는 마음을 품지 말아야 합니다. 로마서 12장에 나오는 경계의 말씀을 묵상하면서 내린 결론은, 대개 행동보다는 말을 통해 서로에게 상처를 주는 일이 많다는 사실입니다. 그러므로 에베소서 4:29 말씀을 마음에 깊이 새겨야 합니다.

무릇 더러운 말은 너희 입 밖에도 내지 말고, 오직 덕을 세우는 데 소용되는 대로 선한 말을 하여 듣는 자들에게 은혜를 끼치게 하라.

여기서 반드시 하지 말아야 할 것과 해야 할 것 두 가지를 주목하십시오.

- ▶ 반드시 하지 말아야 할 것: 더러운 말
- ▶ 반드시 해야 할 것: 덕을 세우는 데 소용되는 선한 말

디도서 3:2에서는 이렇게 말합니다. "아무도 훼방하지 말며." 이는 우리에게 어떤 식으로든 말로 상처를 준 사람에게도 반드시 적용해야 하는 말씀입니다.

이제 온유함이야말로 **행동하는 겸손**의 진정한 모습임을 알게 되었을 터입니다. 하나님의 말씀에 자신을 굴복하고 그 말씀에 진정으로 찔림을 받기 위해서는 겸손이 필요합니다. 삶에서 일어나는 어렵고 고통스러운 일에 대해 투덜대거나 불평하지 않으며, 오히려 이것이 우리 속에 그리스도의 형상을 더욱 이루기 위한 하나님의 역사임을 믿기 위해서도 겸손이 필요합니다. 또한 우리에게 상처를 주는 사람을 인내하고 용서하기 위해서도 겸손이 필요합니다. 그리고 나아가 악을 선으로 갚기 위해서도 더욱 겸손이 필요합니다. 존 블랜처드의 말을 인용하면서 정리하고자 합니다. "온유함은 그리스도인의 삶 속에서 명백히 성령으로 말미암아 나타나는 은혜입니다. 이러한 온유함은 하나님과 사람에 대한 그 사람의 반응에서 잘 나타납니다. '하나님께 대한 온유함'은 우리를 인도하시는 하나님의 모든 역사에 대해 굴

복하는 마음입니다. 특히 고통과 슬픔을 주는 환경 속에서도, 절대주권을 가지신 하나님께서 크신 은혜와 무궁하신 지혜로 '하나님을 사랑하는 자'를 위하여 모든 것을 합력하여 선을 이루시는 분이심을 확신하는 마음입니다(로마서 8:28). '사람에 대한 온유함'은 우리에게 상처를 주는 사람에 대해 참고 인내하며 그들의 잘못에 온화하게 대응하는 마음입니다. 그리고 이 모든 일이 절대주권을 가지신 하나님의 섭리 가운데 있음을 굳게 믿습니다. 뿐만 아니라 우리 자신이 우리 친구들 가운데 가장 약한 자보다 조금 더 강하다거나, 혹은 우리 대적들 가운데 가장 악한 자보다 조금 더 선하다고 내세울 게 전혀 없는 존재임을 깊이 인정하는 태도입니다."

묵상을 위한 질문

1. 온유한 성품을 갖고 싶어 한 적이 있습니까? 왜 가지고 싶었습니까? 아니라면 왜 그렇습니까?

2. 팔복의 첫 세 가지 성품이 어떻게 서로를 세워 주는지 설명해 보십시오. 심령이 가난하고 죄를 애통하면 어째서 필연적으

로 온유한 성품이 흘러나오게 됩니까?

3. 로마서 8:29을 염두에 두고 28절 말씀을 살펴보십시오. '선'을 무엇이라고 정의할 수 있습니까? 이를 제대로 이해하는 것이 어떻게 성경적인 온유함을 계발하는 데 열쇠가 됩니까?

4. 도저히 용서할 수 없는 사람을 어떤 하나님의 말씀을 의지해서 용서할 수 있겠습니까?

제 5 장

의에 주리고 목마른 자

의에 주리고 목마른 자는 복이 있나니
저희가 배부를 것임이요.
마태복음 5:6

예수님께서는 산상수훈에 나오는 팔복의 첫 두 가지를 말씀하실 때 매우 강력한 표현을 사용하셨습니다. 첫 번째 사용하신 '가난'은 여간해서는 벗어나기 힘든 혹독한 가난을 뜻하며, 두 번째의 '애통'은 사랑하는 사람이 죽었을 때 겪는 가슴 아픈 슬픔을 의미합니다.

이제 여기서도 그처럼 강력한 뜻을 가진 또 다른 두 낱말을 보게 됩니다. 곧 '주림'과 '목마름'입니다. 이는 일상적인 배고픔이나 목마름 정도가 아닙니다. 다음 구절에서 보여 주는 수준의 주림과 목마름입니다.

하나님이여, 주는 나의 하나님이시라. 내가 간절히 주를 찾되 물이 없어 마르고 곤핍한 땅에서 내 영혼이 주를 갈망하며 내 육체가 주를 앙모하나이다. (시편 63:1)

지식을 불러 구하며 명철을 얻으려고 소리를 높이며, 은을 구하는 것같이 그것을 구하며, 감추인 보배를 찾는 것같이 그것을 찾으면. (잠언 2:3-4)

밤에 내 영혼이 주를 사모하였사온즉 내 중심이 주를 간절히 구하오리니, 이는 주께서 땅에서 심판하시는 때에 세계의 거민이 의를 배움이니이다. (이사야 26:9)

그러므로 '의에 주리고 목마름'이란 의를 간절히 갈망한다는 뜻입니다. 이는 다음 질문으로 연결됩니다. "그렇다면 의란 무엇입니까?"

의란 '의로운 상태'를 뜻합니다. 성경적으로 보면 삶의 모든 영역 즉 생각, 말, 행동 그리고 동기에서까지 하나님의 법과 완전하게 일치하는 것을 의미합니다. 갈라디아서 3:10에서는 이에 대해 다음과 같이 말했습니다.

무릇 율법 행위에 속한 자들은 저주 아래 있나니 기록된 바 "누구든지 율법 책에 기록된 대로 온갖 일을 항상 행하지 아니하는 자는 저주 아래 있는 자라" 하였음이라.

'온갖'이라는 말은 '예외 없이'를 뜻합니다. 이것이 우리가 주리고 목말라해야 하는 의의 수준입니다. 하나님의 법과 완전하게 일치하는 삶입니다.

하지만 우리 중에 어느 누구도 그렇게 할 수 없습니다. 따라서 다음과 같은 질문이 자연스럽게 나옵니다. "도저히 이루기 불가능한 것을 왜 간절히 갈망해야 합니까? 결국에는 헛수고일 뿐이지 않습니까?" 로마서 3:10에서는 "기록한 바 의인은 없나니 하나도 없으며"라고 했고, 또다시 로마서 3:20에서는 "그러므로 율법의 행위로 그의 앞에 의롭다 하심을 얻을 육체가 없나니 율법으로는 죄를 깨달음이니라"라고 했습니다. ('의롭다 하심'이란 '의롭다고 인정됨'을 의미합니다.) 여기서 또다시 질문이 반복됩니다. "결코 얻을 수 없는 것을 왜 간절히 목말라해야 합니까?"

이에 대한 답은 성경에서 사용된 '의'라는 말에 담긴 이중적인 뜻을 아는 데 있습니다. 첫 번째는 하나님께서 요구하시는 의로서 하나님의 법에 대한 완전한 순종입니다. 이것이 앞에서 살펴본 갈라디아서 3:10에 담긴 의미입니다. 예수 그리스도 한 분 외에는 어느 누구도 이 수준에 이를 수 없습니다. 주님께서는 "내가 항상 그의 기뻐하시는 일을 행하므로 나를 혼자 두지 아니하셨느니라"라고 말씀하셨습니다(요한복음 8:29).

    신약 성경 서신서의 주요 저자인 바울, 베드로, 요한, 그리고 히브리서의 저자는 한결같이 예수님께서 완전한 의인이심을 증거했습니다. 즉 예수님께서는 하나님의 법에 완벽하게 순종하셨다고 했습니다(고린도후서 5:21, 베드로전서 2:22, 요한일서 3:5, 히브리서 4:15 참조). 이 네 저자는 성령의 감동하심을 따라 각 서신을 기록했기 때문에 기록된 모든 것은 바로 하나님께서 하신 말씀이며 따라서 이는 예수님께 대한 하나님의 증거입니다. 예수님께서는 죄가 없으신 분으로 죄를 범치 않으셨을 뿐만 아니라 죄를 알지도 못하신 분입니다. 이를 바꾸어 말하면 예수님께서는 완전히 의로우신 분입니다. 33년 동안 예수님께서는 우리가 도저히 이를 수 없는 완벽한 수준의 삶을 사셨습니다. 그리고 예수님께서 행하신 모든 일은, 구원을 위해 주님을 의지하는 우리 모든 사람의 대표자로서 하신 것입니다. 예수님은 하나님께서 우리의 대표자로 세우신 분입니다. 따라서 하나님께서는 머리 되신 예수 그리스도와 하나로 연합된 우리도 완전히 의롭다고 여겨 주시는 것입니다.

    하지만 현재 완벽하게 의로운 삶을 살지 못하고 있는 우리 개인의 실패는 어떻게 됩니까? 이미 의인이 하나도 없음을 알고 있는데, 하나님의 법에 온전히 순종하지 못하는 우리의 실패, 우리의 죄는 어떻게 됩니까? 그냥 공중으로 사라집니까? 아니면 하나님께서 우주에 있는 어떤 거대한 양탄자 밑에 쓸어 담아 숨기십니까?

대답은 "아니요"입니다. 물론 하나님의 의는 죄에 대하여 마땅한 대가를 요구합니다. 그렇기 때문에 예수님께서는 우리 대신에 십자가에 죽으심으로 우리 죄의 대가를 온전히 치르셨습니다. 죄로 인해 우리가 마땅히 받아야 하는, 하나님의 의롭고 거룩하신 진노를 예수님께서 대신 받으신 것입니다. 이 사실이 고린도후서 5:21에 정확히 기록되어 있습니다. "하나님이 죄를 알지도 못하신 자로 우리를 대신하여 죄를 삼으신 것은." 베드로전서 2:24에도 "친히 나무에 달려 그 몸으로 우리 죄를 담당하셨으니"라고 증거하고 있습니다. 우리 죄를 대신 짊어지신 예수님이 가장 인상 깊게 나타난 구절은 아마도 이사야 53:5-6이 아닐까 합니다.

> 그가 찔림은 우리의 허물을 인함이요 그가 상함은 우리의 죄악을 인함이라. 그가 징계를 받음으로 우리가 평화를 누리고 그가 채찍에 맞음으로 우리가 나음을 입었도다. 우리는 다 양 같아서 그릇 행하여 각기 제 길로 갔거늘 여호와께서는 우리 무리의 죄악을 그에게 담당시키셨도다.

예수님께서는 하나님의 법에서 요구하는 의의 수준을 온전히 만족시키셨습니다. 즉 하나님께서 우리에게 요구하신 '명령'

을 완벽히 지키셨을 뿐 아니라, 온전히 순종하지 못한 우리 죄에 대한 형벌도 완전히 치르셨습니다. 이를 다음과 같이 말할 수 있겠습니다. "예수님께서는 우리가 도저히 이를 수 없는 완벽한 수준의 삶을 사셨고, 우리가 마땅히 치러야 할 형벌인 죽음을 대신 담당하셨습니다." 그 결과 하나님께서는 예수 그리스도를 구세주로 믿는 모든 사람을 완전히 의롭다고 인정해 주십니다.

이를 '신분적 의'라고 합니다. 하나님 앞에서 우리의 신분 혹은 위치가 예수 그리스도처럼 완전한 의인이라는 뜻입니다. 예수 그리스도를 믿는 순간 그리스도 안에서 우리는 의롭게 되었습니다. 하나님께서 예수 그리스도와 연합된 우리를 의롭다 여겨 주셨기 때문입니다. 앞으로 당신이 어떤 삶을 산다고 해도 예수 그리스도를 구세주로 믿어 하나님 앞에서 의롭게 된 순간보다 더 의롭게 되거나 덜 의롭게 될 날은 결코 없습니다.

그런데 여기서 또 다른 질문이 생깁니다. "그렇다면 이미 의를 얻었는데, 이미 얻은 것을 왜 간절히 갈망해야 합니까?" 그 답은, 영적으로 성장하면 성장할수록 우리 삶 속에 있는 죄와 여러 실패에 대해 더욱 민감해지기 때문입니다. 죄를 더 많이 짓기 때문이 아니라 이미 우리 삶 속에 있었지만 미처 깨닫지 못한 죄를 이제는 민감하게 깨닫게 되었고 그 죄를 애통하기 때문입니다. 이런 경험을 하면 할수록 오직 예수 그리스도 안에 있는 의에 더욱 주리고 목말라하며 더욱 간절히 의를 갈망하게 됩니다.

앞 장에서 나는 범사에 감사하는 삶이 참으로 어려운 도전임을 얘기했습니다. 이런 도전이 바로 몇 주 전에 또다시 생겼습니다. 컴퓨터에 저장된 정보가 필요하여 한참 찾았으나 찾지를 못했습니다. 잔뜩 실망하다가 이번엔 핸드폰에 새로운 전화번호를 입력하려고 하는데 어떤 이유에서인지 입력 화면이 제대로 뜨질 않았습니다. 이마저 단념하고 새로 심은 화초에 물을 주려고 전날 사용했던 호스 노즐을 찾았지만 그것마저 어디에 두었는지 전혀 생각이 나지 않았습니다. 여기까지 이르자 나는 완전히 허탈하였고 기분이 몹시 언짢았습니다. 도무지 감사할 기분이 아니었습니다.

이러한 나의 태도는 정말 벌을 받아 마땅했습니다. 슬픈 일이든 괴로운 일이든 우리는 마땅히 모든 일에 감사해야 합니다. 하나님의 뜻이기 때문입니다. "범사에 감사하라. 이는 그리스도 예수 안에서 너희를 향하신 하나님의 뜻이니라"(데살로니가전서 5:18). 데살로니가전서 4:3에서도 "하나님의 뜻은 이것이니 너희의 거룩함이라, 곧 음란을 버리고"라고 하며 '하나님의 뜻'이란 표현을 사용했습니다. 음란을 버리는 것이 하나님의 뜻인 것처럼, 범사에 감사하는 것도 우리를 향하신 하나님의 뜻입니다.

그날 나의 태도는 분명 죄악이었으며, 이에 대한 유일한 해결책은 오직 예수 그리스도 안에 있는 의에 있었습니다. 그래서 하나님께 나아갔습니다. 나의 죄를 자백하고 그리스도 안에서 갖게 된 의를 굳게 믿고 의지하였습니다. 그날 나는 진정 예수 그리스도의 의에 주리고 목마른 자였습니다!

우리가 이미 그리스도 안에서 완전한 의를 얻었어도 계속 의에 주리고 목마른 자가 되고자 하는 모습은 지극히 정상입니다. 사실 우리는 날마다 죄를 짓는 존재이므로, 영적으로 성장하고자 하는 그리스도인이라면 그리스도 안에서 얻은 의를 날마다 갈망할 수밖에 없습니다. 복음, 곧 하나님께서 그리스도 안에서 우리를 위하여 해 주신 기쁜 소식은 마치 광야 생활을 하던 이스라엘 백성에게 하나님께서 매일 공급해 주신 '만나'와 같습니다. '만나'는 매일매일 거두어야 했고 따로 저장해서는 안 되었습니다(출애굽기 16:16-21 참조). 마찬가지로 날마다 계속해서 죄를 짓기에 날마다 복음을 의지해야만 합니다.

'이 몸의 소망 무엔가'라는 찬송가의 첫 줄 가사가 '이 몸의 소망 무엔가 우리 주 예수뿐일세'입니다. 우리 주 예수님께서는 영원한 구원의 소망이 되실 뿐 아니라 매일의 삶에서도 하나님의 은혜와 축복의 소망이 되시므로 우리의 소망은 오직 예수님뿐입니다. 이런 의미에서 우리는 그리스도 안에서 이미 얻은 것에 대해서도 계속 주리고 목마른 자가 되어야 합니다.

또한 '일상생활'에서도 의에 주리고 목마른 자가 되어야 합니다. 하나님께서는 그리스도 안에서 얻은 신분적 의와 일상생활에서 추구해야 할 의를 서로 뗄 수 없는 관계로 묶어 놓으셨습니다. 하나님께서는 어느 하나의 의만 따로 주시지 않습니다. 따라서 그리스도 안에서 얻은 의에 대해 주리고 목마른 자는 매일의 일상생활 속에서도 의를 추구하고 갈망합니다.

고린도후서 5:17을 보면 누구든지 그리스도 안에 있으면 새로운 피조물이라고 했는데, 이는 그리스도 안에서 얻게 된 새로운 신분적 의입니다. 그리고 새로운 신분적 의를 얻은 피조물의 성향은 자연스레 삶 속에서 의를 추구하는 방향으로 나아갑니다. 우리 마음속에서 일어난 이러한 근본적인 변화에 대해 에스겔 36:26-27에 잘 표현되어 있습니다.

> 또 새 영을 너희 속에 두고 새 마음을 너희에게 주되 너희 육신에서 굳은 마음을 제하고 부드러운 마음을 줄 것이며, 또 내 신을 너희 속에 두어 너희로 내 율례를 행하게 하리니 너희가 내 규례를 지켜 행할지라.

여기서 하나님께서는 새로운 마음과 성령을 우리 속에 주실 것을 약속하시면서 우리가 매일의 삶에서 의를 추구하는 삶을 살 수 있게 해 주셨습니다.

이러한 하나님의 약속과 함께 의를 추구하는 삶을 살 수 있도록 교훈하는 성경 말씀은 다음과 같이 여러 곳에서 찾아 볼 수 있습니다.

> 또한 네가 청년의 정욕을 피하고 주를 깨끗한 마음으로 부르는 자들과 함께 의와 믿음과 사랑과 화평을 좇으라. (디모데후서 2:22)

> 친히 나무에 달려 그 몸으로 우리 죄를 담당하셨으니, 이는 우리로 죄에 대하여 죽고 의에 대하여 살게 하려 하심이라. 저가 채찍에 맞음으로 너희는 나음을 얻었나니. (베드로전서 2:24)

> 이러므로 하나님의 자녀들과 마귀의 자녀들이 나타나나니, 무릇 의를 행치 아니하는 자나 또는 그 형제를 사랑치 아니하는 자는 하나님께 속하지 아니하니라. (요한일서 3:10)

이 구절 목록에 히브리서 12:14 말씀을 더할 수 있습니다. "모든 사람으로 더불어 화평함과 거룩함을 좇으라. 이것이 없이는 아무도 주를 보지 못하리라." '거룩함'과 '의'는 매우 밀접한 관계가 있으며, 종종 서로 바꾸어 사용할 수도 있습니다. 그러므로 우리는 의를 좇으며, 의에 따라 살고, 의를 훈련하며, 의에 주리고 목마른 자가 되어야 합니다.

이러한 말씀을 통해서 볼 때, 우리는 마땅히 삶에서 의를 추구해야 함을 알 수 있습니다. 그렇다면 의에 주리고 목마른 자가 되려면 어떻게 해야 합니까? 이에 대해 두 가지 면으로 생각할 수 있습니다.

첫 번째는 이미 살펴본 바와 같이 새 피조물이 된 우리의 새로운 본성은 성령에 의해 의를 추구하는 쪽으로 방향이 전환됩니다. 새로 믿은 사람일 경우 비록 아주 작은 불꽃일 수도 있지만, 영적으로 성장하면서 의에 대한 갈망은 더욱 자라납니다.

두 번째는 그리스도 안에서 얻은 의에 대해 감사하는 삶입니다. 일상생활에서 의를 추구하면 할수록 우리는 의의 수준에 도저히 이를 수 없는 존재임을 깨닫습니다. 이로 말미암아 그리스도 안에서 이미 얻은 의에 대해 더욱 감사하게 되고, 이런 감사함이 원동력이 되어 삶에서 의를 더욱 간절히 추구하게 됩니다.

그렇다면 일상생활에서 의에 주리고 목마른 자가 되려면 그것이 어떤 모습으로 나타나게 됩니까? 기본적으로 이는 성경의 도덕적 명령에 대한 순종으로 나타납니다. 왜냐하면 성령께서 이러한 명령들을 우리로 깨닫게 해 주시기 때문입니다. 그러나 성령께서는 모든 명령을 한꺼번에 깨닫게 해 주시지는 않습니다. 신체적 성장과 마찬가지로, 영적 성장도 시간이 걸리고, 단계를 거쳐야 하고, 때로는 거의 눈에 띄지 않습니다. 나의 경험을 보면, 성령께서는 한 번에 한두 가지 정도의 필요에 맞추어 역사하시는 듯합니다. 지금으로서는, 앞에서도 얘기했듯이, 성령께서는 내가 아무리 힘들고 어려운 환경일지라도 범사에 감사하는 면에 초점을 맞추시는 것 같습니다.

그러면 언제 성령께서 이런 명령들을 깨닫게 해 주십니까? 대개 일상적으로 성경 말씀을 접할 때입니다. 성경을 읽거나 공부할 때, 혹은 목사님이나 영적 지도자를 통해 말씀을 들을 때, 성령께서 깨닫게 해 주시는 것을 경험합니다. 하나님의 말씀인 성경을 일상 속에서 섭취하지 않고서는 의에 주리고 목마른 삶에서 성장할 수 있는 다른 길은 없습니다.

하지만 막상 실제 삶에서 의를 추구하려고 할 때, '이 모든 명령을 내가 어떻게 완벽하게 순종할 수 있단 말인가?' 하는 생각에 마음이 압도될 수도 있습니다. 유명한 웨스트민스터 교리 문답과 하이델베르크 교리 문답을 보면 그와 비슷한 질문이 나옵니다. "하나님께로 회개하고 돌아온 사람은 이 모든 계명을 완전하게 지킬 수 있습니까?" 하이델베르크 교리 문답에는 다음과 같은 답을 제시합니다. "아닙니다. 가장 거룩한 사람일지라도 이 세상에 살 동안에는 이러한 순종을 겨우 시작할 뿐입니다. 그럼에도 불구하고 하나님의 백성은 굳은 결심과 간절한 마음으로 하나님의 일부 계명만이 아니라 모든 계명을 따라 살기 시작합니다."

'가장 거룩한 사람일지라도 이 세상에 살 동안에는 이러한 순종을 겨우 시작할 뿐입니다'에 주목하시기 바랍니다. 그러나 그들은 이 조그만 순종으로 만족하지 않습니다. 도저히 다다를 수 없는 줄을 알지만, 계속 주리고 목마른 자가 되어 더욱 높은 수준의 의를 간절히 추구합니다.

얼마 전에 자동차를 수리하러 정비소에 들렀는데 한쪽 벽면에 다음과 같은 문구가 커다랗게 걸려 있었습니다. "완벽함에는 도달할 수 없지만, 그것을 추구하면 탁월함에 이른다." 이 문구에 담긴 원리는 우리에게도 매우 유익합니다. 우리가 추구하는 완벽한 의는 이 세상에서는 도달할 수 없습니다. 그러나 의에 주리고 목마른 자가 되어 부지런히 의를 추구하면, 세월이 지날수록 하나님께서 원하시는 사람으로 더욱 성장하게 됩니다.

제2장에서도 다루었지만 우리가 계속 반복하면서 믿음을 새롭게 해야 할 진리가 또 하나 있습니다. 그것은 성령께서 우리 안에서 역사하시도록 성령을 전적으로 의뢰해야 한다는 사실입니다. 거룩하신 성령의 도우심이 없이는 의를 추구하는 삶에서 단 1mm도 진보할 수 없습니다.

그리스도 안에서 이미 얻은 의에 주리고 목마른 자가 되는 것과 매일의 삶에서 의에 주리고 목마른 자가 되는 것은 함께 성장합니다. 그리스도 안에서 의롭게 되었음을 깨달을 때 비록 완벽하게 그 의를 이룰 수 없음을 알지만 계속 그 의를 따라 살고자 하는 동기를 얻습니다. 하지만 우리의 연약함을 인하여 진정한 의의 수준에 도저히 이룰 수 없다는 사실을 깨닫고는 다시 돌아가 그리스도 안에 있는 의를 간절히 찾게 됩니다.

그러면 의에 주리고 목마른 자가 되는 것이 겸손과 어떤 연관이 있습니까? 심령이 가난하고 죄를 애통하는 자만이 그리스도 안에서 얻은 의에 대해 주리고 목마른 자가 될 수 있습니다. 그리고 오직 심령이 가난한 자만이 자신이 의로운 삶을 살기에 얼마나 부족한지를 깨닫습니다. 따라서 그리스도의 의에 전적으로 의지해야 함과 자신의 삶에서 의를 이루기에 너무도 부족하다는 사실을 깨달을 때, 비로소 우리 안에 겸손이 생기기 시작합니다.

그러므로 끊임없이 첫 번째 산상수훈인 '심령이 가난한 자'로 되돌아가야 합니다. 거기가 겸손의 출발점이기 때문입니다. 자기 자신을 정직하게 평가해 보면 마음이 가난해지지 않을 수가 없습니다. 그래서 그리스도 안에서 얻은 의에 주리고 목마른 자가 될 뿐 아니라 우리의 삶 속에서 추구하는 의에도 주리고 목마른 자가 되어 마침내 겸손에 이르게 됩니다.

묵상을 위한 질문

1. '의'에 대한 성경적 정의는 무엇입니까? 이 정의에서 요구하는 수준을 예수 그리스도께서는 어떻게 만족시키셨습니까? 이에 대한 증거를 보여 주는 성경 말씀으로 어떤 구절이 있습니까?

2. 죄가 없으신 예수님의 생애는 우리 죄를 위해 희생하신 죽음만큼이나 중요합니다. 왜 그렇습니까?

3. '신분적 의'라는 표현에 담긴 뜻은 무엇입니까? 만약 당신이 그리스도 안에 있다면, 이것이 당신의 마음에 어떤 영향을 줍니까?

4. 진정으로 거듭난 그리스도인은 일상생활에서 어떤 동기로 의를 추구하게 됩니까? 그와 관련된 성경 말씀은 무엇입니까?

제 6 장

긍휼히 여기는 자

긍휼히 여기는 자는 복이 있나니
저희가 긍휼히 여김을 받을 것임이요.
마태복음 5:7

나는 모임에 참석 중인 아내를 기다리며 시립 도서관에서 책을 읽고 있었습니다. 그때 노숙자로 보이는 사람들이 도서관 안으로 들어왔습니다. 바깥이 어두워지고 추운 바람이 불어 따뜻한 곳을 찾고 있는 게 분명했습니다. 모두들 옷차림이 남루했고 약간 고약한 냄새도 났습니다. 나는 속으로 '이 깔끔한 도서관에 웬 더럽고 냄새나는 사람들이람?' 하고 눈살을 찌푸렸습니다.

그날 밤 내게는 긍휼히 여기는 마음이 없었습니다. 사실 무정하고 무자비했습니다.

여덟 가지 복의 첫 네 가지인 심령의 가난함, 애통함, 온유함, 그리고 의에 주리고 목마름은 모두 내적 특징으로서 우리와 하나님과의 관계와 연관되어 있습니다. 이제 예수님께서는 다섯 번째인 '긍휼히 여기는 자'를 통해 다른 사람과의 관계를 다루기 시작하십니다.

'긍휼히 여김'은 '불쌍히 여김' 혹은 '동정함'과 뜻이 비슷하여 서로 바꾸어 사용될 경우도 있지만, 마태복음 5:7의 '긍휼히 여김'은 그 의미가 더 강력합니다. 단순히 감정만을 뜻하지 않고 행동까지 포함하기 때문입니다.

예수님께서 말씀하신 선한 사마리아인의 예화에서 이를 볼 수 있습니다(누가복음 10:30-37 참조). "그러면 내 이웃이 누구오니이까?"라는 율법사의 질문에 예수님께서는 강도가 때려 거반 죽게 된 사람을 예로 드셨습니다. 이 예화에서 제사장과 레위인은 거의 죽게 된 그 사람을 무시하고 지나갔지만, 사마리아인은 그를 보고 "불쌍히 여겨"(33절) 그 마음을 '행동'으로 옮겼습니다.

> 가까이 가서 기름과 포도주를 그 상처에 붓고 싸매고 자기 짐승에 태워 주막으로 데리고 가서 돌보아 주고, 이튿날에 데나리온 둘을 내어 주막 주인에게 주며 가로되 "이 사람을 돌보아 주라. 부비가 더 들면 내가 돌아올 때에 갚으리라" 하였으니. (34-35절)

이 예화를 들려주신 후에 예수님께서는 율법사에게 "네 의견에는 이 세 사람 중에 누가 강도 만난 자의 이웃이 되겠느냐?"라고 물으셨고, 그는 "자비(긍휼)를 베푼 자니이다"라고 대답했습니다.

여기서 '불쌍히 여김'과 '자비(긍휼)'에 미묘한 차이가 있습니다. 선한 사마리아인은 불쌍히 여겼고 그다음에 자비(긍휼)를 베풀었습니다.

긍휼은 일반적으로 두 가지 영역에서 나타납니다. 첫째로 긍휼은 다른 사람의 물질적 필요를 채워 줍니다. 이는 예수님께서 말씀하신 선한 사마리아인 예화에 잘 나타납니다. 둘째로 긍휼은 우리에게 죄를 범한 사람에게 용서를 베풂으로 나타납니다. 이는 긍휼히 여기는 면에서 매우 중요한 요소이며, 나중에 좀 더 다루겠습니다. 우선은 곤란한 처지에 있는 사람을 긍휼히 여기는 면에 대해 성경에서는 무엇이라고 말씀하시는지 살펴보겠습니다.

구약 율법에서는 가난하고 약한 자를 돌보아 주라고 합니다. 레위기 19:9-10은 다음과 같이 말합니다.

> 너희 땅의 곡물을 벨 때에, 너는 밭모퉁이까지 다 거두지 말고 너의 떨어진 이삭도 줍지 말며, 너의 포도원의 열매를 다 따지 말며, 너

의 포도원에 떨어진 열매도 줍지 말고, 가난한 사람과 타국인을 위하여 버려두라. 나는 너희 하나님 여호와니라.

시편 41:1에서는 다음과 같이 말합니다.

빈약한 자를 권고하는 자가 복이 있음이여. 재앙의 날에 여호와께서 저를 건지시리로다.

이사야 58:7,10 말씀도 가난한 자들에게 관심을 보이라고 합니다.

또 주린 자에게 네 식물을 나눠 주며, 유리하는 빈민을 네 집에 들이며 벗은 자를 보면 입히며 또 네 골육을 피하여 스스로 숨지 아니하는 것이 아니겠느냐? 주린 자에게 네 심정을 동하며 괴로워하는 자의 마음을 만족케 하면, 네 빛이 흑암 중에서 발하여 네 어두움이 낮과 같이 될 것이며.

갈라디아서 6:9-10에서도 이 원리를 말합니다.

우리가 선을 행하되 낙심하지 말지니, 피곤하지 아니하면 때가 이르매 거두리라. 그러므로 우리는 기회 있는 대로 모든 이에게 착한 일을 하되 더욱 믿음의 가정들에게 할지니라.

성경에서 드리는 삶에 관하여 중요한 교훈이 나오는 곳이 고린도후서 8-9장입니다. 드리는 삶에 대해 가르칠 때 일반적으로 이 두 장의 말씀을 기본으로 하여 그 동기와 실제적인 방법을 가르칩니다. 사도 바울은 고린도 성도들에게 편지를 쓰면서 그들이 한 번도 만나 보지 못한 사람들, 그것도 가난한 성도들을 위해 드리는 삶을 실행하도록 격려하고 있습니다. 이들은 예루살렘에서 살면서 가난 속에서도 믿음을 지켰고 그로 인해 심한 핍박을 받고 있었습니다.

이와 같이 구약 성경과 신약 성경 모두에서, 가난한 사람들을 긍휼히 여기라는 말씀을 충분히 찾아볼 수 있습니다. 그러므로 예수님께서 "긍휼히 여기는 자는 복이 있나니"라고 말씀하실 때, 물질적으로 가난하고 궁핍한 사람들을 마음에 두셨음이 분명합니다.

그렇다면 가난하고 궁핍한 사람들의 '영적' 필요는 어떻게 합니까? 만약 모든 그리스도인들이 충분한 능력이 있어 후하게 드림으로써 극한 가난 속에 사는 수많은 무리들에게 남부럽지 않은 생활을 하도록 도와주었다고 가정해 봅시다. 만약 이때 그들의 영적 필요는 안중에 두지 않고 그러한 도움을 주었다면, 오히려 그들에게 치명적인 해악을 끼친 셈입니다. 예수님께서는 "사람이 만일 온 천하를 얻고도 제 목숨을 잃으면 무엇이 유익하리요? 사람이 무엇을 주고 제 목숨을 바꾸겠느냐?"라고 말씀하셨

기 때문입니다(마가복음 8:36-37)

한때, 사람들의 물질적 필요와 영적 필요를 채워 주는 면에서 불필요한 갈등이 여러 해 동안 일어난 적이 있었습니다. 많은 교회와 선교기관이 성경적인 복음 대신에 물질적 필요를 앞세우고 선교하다가 부정적인 결과를 얻기도 했습니다. 그러다 보니 그런 부작용을 염려하여 물질적 필요를 채우는 모든 선행과 노력을 중단해 버리는 분위기가 형성되었습니다. 이는 최선의 해결책이 아니라고 생각합니다. 성경에서는 사람들에게 적극 선을 베풀며 물질적 필요와 영적 필요 모두를 채워 주어야 함을 보여 줍니다.

베드로와 요한은 여기에 좋은 본이 됩니다. 성전에 올라가는 길에 그들은 나면서부터 앉은뱅이가 된 사람을 만납니다. 그는 베드로와 요한에게 구걸했지만, 베드로는 다음과 같이 대답했습니다(사도행전 3:6-7).

베드로가 가로되 "은과 금은 내게 없거니와 내게 있는 것으로 네게 주노니, 곧 나사렛 예수 그리스도의 이름으로 걸으라" 하고 오른손을 잡아 일으키니 발과 발목이 곧 힘을 얻고.

어떤 사람은 베드로의 말을 잘못 사용하여 사람들의 물질적 혹은 신체적 필요만을 채워야 한다고 주장하기도 했습니다. 물론 베드로가 이 사람에게 분명히 드러난 신체적 필요인 발과 발목을 고쳐 주었지만 그는 나사렛 예수 그리스도의 이름으로 이를 행하였습니다. 나중에 베드로는 성전에서 복음을 전할 때에 이 사람이 낫게 된 사건을 사용하여 예수 그리스도를 전하기까지 했습니다(사도행전 3:11-26 참조). 베드로와 요한은 앉은뱅이였던 사람의 신체적 필요와 참된 복음 사이에 어떤 차이도 두지 않았습니다.

그러나 무엇보다도 가장 큰 긍휼은 우리 죄를 용서하시고 우리를 하나님 나라에 들어가게 하신 하나님의 긍휼입니다. 제4장에서 믿기 전 우리의 상태가 영적으로 죽었고, 죄의 종이었으며, 하나님의 진노를 받을 수밖에 없는 비참한 존재였음을 보았습니다(에베소서 2:1-3 참조). 단순히 하나님의 은혜를 받을 자격이 없는 정도가 아니라 실로 악하고 교만하여 하나님의 진노를 받아 마땅한 존재였습니다.

그러나 그다음 말씀은 크게 대조가 됩니다. "긍휼에 풍성하신 하나님이 우리를 사랑하신 그 큰 사랑을 인하여"(에베소서 2:4). 구약 성경의 수많은 구절에 하나님은 자비와 긍휼이 크고 풍성하신 분으로 묘사되어 있습니다(출애굽기 34:6, 느헤미야 9:31, 시편 103:8, 145:8 참조). 성경에서 우리의 죄와 하나님의 공의로우신 심판을 얘기할 때면 언제나 하나님의 크신 자비와 긍휼이 함께 표현됩니다. 그러므로 우리도 하나님께서 우리에게 베푸신 긍휼을 힘입어 다른 사람을 긍휼히 여기는 자가 되어야 합니다.

제4장에서도 얘기했듯이 이제 용서에 대해 좀 더 살펴보고자 합니다. '긍휼히 여김'의 적용은 용서로 나타납니다. 마태복음 18:23-35에는 무자비한 종에 대한 예화가 나옵니다. 이 이야기는 베드로가 예수님께 "주여, 형제가 내게 죄를 범하면 몇 번이나 용서하여 주리이까? 일곱 번까지 하오리이까?"라고 여쭈었을 때 주님께서 말씀하신 예화입니다.

예수님께서는 "네게 이르노니 일곱 번뿐 아니라 일흔 번씩 일곱 번이라도 할지니라"라고 대답하셨습니다. 이 말씀은 아무리 많은 죄를 반복해서 범해도 끝없이 조건 없이 용서해야 한다는 뜻입니다.

이어서 예수님께서는 자기 주인에게 일만 달란트 빚 진 종의 이야기를 해 주셨습니다. 당시 노동자의 하루 품삯이 1데나리온이었고 1달란트가 통상 6,000데나리온이었으니 1만 달란트는 6천만 데나리온이 됩니다. 그러면 1만 달란트가 얼마나 어마어마한 액수인지 짐작이 갈 것입니다. 따라서 그 종이 이 빚을 다 갚는다는 것은 도저히 불가능한 일이었습니다. 종에게 갚을 능력이 없는 것을 본 주인은 그를 불쌍히 여겨 모든 빚을 탕감해 주었습니다. 그런데 탕감을 받은 종은 돌아가는 길에 자신에게

백 데나리온 빚을 진 동료를 만났는데, 참아 달라고 엎드려 간구하는 그의 요청을 매정하게 거절했습니다. 자신이 일만 달란트를 탕감받은 감격의 눈물이 채 마르기도 전입니다. 100데나리온도 적은 돈이 아니지만 60,000,000데나리온에 비하면 푼돈에 지나지 않습니다.

　이 예화의 요점은 우리 모두가 하나님께 일만 달란트 빚을 진 자라는 점입니다. 우리는 말로든, 행위로든 혹은 생각으로든 죄를 짓지 않고 보내는 날이 단 하루도 없습니다. 그럼에도 이 사실을 제대로 깨닫지 못합니다. 왜냐하면 일반 사회에서 파렴치하다고 여기는 행동만을 죄라고 생각하고, 조그만 일에도 참지 못하거나, 급히 분을 드러내거나, 혹은 교묘하게 다른 사람을 깎아 내리는 말을 하면서도 이 정도는 죄라고 여기지 않기 때문입니다.

　더구나 우리가 지은 죄의 크기는 다른 사람에게 끼친 영향으로 측정되는 게 아니라, 창조주 하나님의 거룩하심과 크신 위엄에 대한 반역이라는 면으로 측정되어야 합니다. 우리에 대한 다른 사람의 죄가 아무리 크고 심각해도, 혹은 아무리 자주 우리에게 죄를 범했을지라도, 우리가 하나님을 거역하고 지은 엄청난 죄의 빚을 탕감받은 것을 생각하면 마땅히 그를 용서해야 합니다. 달리 표현하자면, 다른 사람을 용서할 수 있는 열쇠를 바로 여기서 찾아야 한다는 것입니다. 나아가 예수님께서는 예화의 마지막 부분에서 형제를 중심으로 용서해야 한다고 말씀하십니다(35절). 우리가 얼마나 큰 용서를 받았는가를 생각하고, 입으로만의 용서가 아니라 마음으로 진정한 용서를 실천해야 합니다.

주님께서 말씀하신 예화에서, 용서치 않은 종에게 어떤 결과가 생겼는지 눈여겨보시기 바랍니다. 주인이 노하여 그에게 악한 종이라고 한 후 옥졸들에게 붙였습니다. 물론 이는 예화이므로 세부적인 모든 내용을 실제 삶과 연관시킬 수는 없습니다. 그러므로 옥졸들에게 붙였다는 말이 실제 삶에서는 어떤 결과로 나타났는지는 모릅니다. 그러나 우리에게 죄를 지은 사람을 용서하지 않는다면 그 결과가 참으로 심각하리라는 교훈을 배울 수 있습니다.

이 예화를 통해 진정한 용서란 무엇인가라는 질문을 하게 됩니다. 다음 구절을 살펴봅시다.

> 나 곧 나는 나를 위하여 네 허물을 도말하는 자니, 네 죄를 기억지 아니하리라. (이사야 43:25)

> "내가 저희 불의를 긍휼히 여기고 저희 죄를 다시 기억하지 아니하리라" 하셨느니라. (히브리서 8:12)

> 또 "저희 죄와 저희 불법을 내가 다시 기억지 아니하리라" 하셨

으니, 이것을 사하셨은즉 다시 죄를 위하여 제사드릴 것이 없느니라.
(히브리서 10:17-18)

이 세 말씀에는 하나님께서 우리 죄를 다시는 기억하지 않으신다는 내용이 공통적으로 나옵니다. 하나님께서는 우리 죄에 대한 기억을 완전히 지우시고 다시는 꺼내지 않으십니다.

이것이 진정한 용서입니다. 우리에게 지은 다른 사람의 죄를 다시는 기억하지 말아야 합니다. 잊어버리는 것과 기억하지 않는 것은 분명 차이가 있습니다. 자동차 열쇠를 어디 두었는지 기억이 나지 않는 경우처럼 뜻하지 않게 잊어버리는 일이 많습니다. 그러나 어떤 일에 대해서는 의도적으로 기억하지 않을 수 있습니다. 다른 사람이 우리에게 죄를 지은 경우, 그 죄를 마음속에 다시 떠올리지 않기로 선택할 수가 있습니다. 우리 자신에게든, 다른 사람에게든, 혹은 우리에게 직접 죄를 범한 그 사람에게든, 다시는 그 죄를 끄집어 내지 않기로 선택할 수 있습니다. 만약 그 일을 다시 꺼낸다면 진정으로 용서한 게 아닙니다. 만일 용서하기가 어려워 여전히 마음속에서 갈등한다면 진정한 용서를 실천할 수 있도록 하나님께 도움을 청해야 합니다.

대개 용서는 어느 한순간에 간단하게 이루어지지 않습니다. 미운 사람을 용서하기가 얼마나 힘들고 고통스러운지 모릅니다. 심지어 용서한다고 말했더라도 대개의 경우 마음속에 찌꺼기가 남아 있습니다. 깊이 박힌 상처는 쉽게 사라지지 않기 때문에, 계속해서 그 죄를 기억하지 않기로 선택해야 합니다.

진정한 용서를 이해하기 위해서 반드시 알아야 할 진리가 또 하나 있습니다. 앞서 말한 예화에서 주인의 입장에서는 일만 달란트나 되는 엄청난 빚을 탕감해 주었는데, 오늘날의 화폐로 따지면 수십 억 달러의 자산이 순식간에 날아간 셈입니다. 우리 죄를 용서하기 위해 하나님께서 치르신 값은 아무리 해도 돈으로 환산할 수가 없습니다. 우리 죄의 대가를 치르기 위해 하나님의 아들이 십자가에 못 박혀 죽임을 당하셨기 때문입니다. 이는 도저히 값으로 따질 수가 없습니다.

우리도 용서하려면 값을 치러야 합니다. 받은 상처가 크고 마음속의 원한이 깊을지라도 다시 기억한다거나 끄집어내지 말아야 합니다. 만약 믿는 이에게서 상처를 받았다면, 그 사람을 위해 기도해야 합니다. 예수님께서 하신 말씀을 기억합시다. "나는 너희에게 이르노니 너희 원수를 사랑하며 너희를 핍박하는 자를 위하여 기도하라"(마태복음 5:44). 만약 믿지 않는 이라면 죄악의 사슬에 매여 있는 그 사람의 구원을 위해 기도해야 합니다.

지금까지 물질적인 면에서와 영적인 면에서 긍휼히 여기는 삶의 중요성을 살펴보았습니다. 그렇다면 긍휼히 여기는 삶에서 **행동하는 겸손**이 어떤 모습으로 나타납니까?

시립 도서관에 들어온 노숙자들에 대한 나의 반응을 기억해 보시기 바랍니다. '어떻게 이런 사람들이 감히 우리의 멋진 공간에 침입한단 말인가?' 나는 이런 교만한 생각에 빠져 있었습니다. 그때 '겸손'은 이렇게 말했을 터입니다. '하나님의 은혜가 아니라면 나도 저렇게 했을 텐데….' 또 '저 사람들을 어떻게 도울 수 있을까?'라고 말했을 것입니다. 그때 만일 내가 겸손했다면 가난한 자나 부한 자나 다 하나님께서 만드셨음을 깨달았을 터입니다. "여호와는 가난하게도 하시고 부하게도 하시며 낮추기도 하시고 높이기도 하시는도다"(사무엘상 2:7). 만약 내가 그 노숙자들보다 경제적으로 혹은 사회적으로 조금이라도 나은 게 있다면 이는 전적으로 하나님의 은혜일뿐입니다.

하나님께서는 내 속에 긍휼히 여기는 마음이 없음을 깨닫게 하셨고, 나는 아내와 함께 실제로 그들을 긍휼히 여기려면 무엇이 필요한지 생각했습니다. 나이와 신체적 한계로 우리가 그들을 직접 도울 수는 없었기 때문에 우리 지역의 해당 지원 기관에 기부를 하기로 했습니다.

그러나 무엇보다도 **행동하는 겸손**이 가장 잘 나타나는 경우는 우리에게 죄를 범한 사람을 용서할 때입니다. 다른 사람을 용서하려면 먼저 우리 자신을 일만 달란트 빚진 자로 여겨야 합니다. 한없이 비참하고 죄악 된 우리가 하나님께 먼저 불쌍히 여김을 받았기 때문에 우리도 다른 사람을 불쌍히 여겨야 합니다(마태복음 18:33). 진정 '긍휼히 여기는 자'는 심령이 가난하며, 자신에게 죄를 범한 사람보다 자신이 결코 나을 게 없음을 인정합니다. 사실 자신이 더 거짓되고 부패한 죄인일 수도 있음을 인정합니다(예레미아 17:9). 앞에서도 말한 바와 같이 **행동하는 겸손**은 이처럼 심령이 가난한 데서 시작합니다. 다른 모든 성품들은 결국 이 한 우물에서 흘러나옵니다.

묵상을 위한 질문

1. 긍휼히 여기는 것과 누군가를 동정하는 것과는 어떻게 다릅니까?

2. 우리를 긍휼히 여기셔서 우리 죄를 모두 용서하신 하나님께서는 이를 위해 어떤 '값'을 치르셨습니까?

3. 다른 사람을 용서하려면 먼저 우리 자신을 일만 달란트 빚진

자로 여겨야 한다고 했습니다. 이것이 의미하는 바가 무엇입니까?

4. 자신에게 악을 행한 사람에게 긍휼을 보인 경우가 최근 언제입니까? 그에게 "당신은 이제 내게 아무런 빚이 없습니다"라고 말하기 위해서 당신은 어떤 값을 치러야 했습니까?

제 7 장

마음이 청결한 자

마음이 청결한 자는 복이 있나니
저희가 하나님을 볼 것임이요.
마태복음 5:8

오랫동안 나는 '마음의 청결함'은 도덕적 순결 혹은 성적 순결을 뜻한다고 생각했습니다. 그러나 여기에는 훨씬 더 깊은 뜻이 담겨 있음을 알게 되었습니다.

마음이 청결하다는 의미를 더 잘 이해하기 위해서는 성경에서 '마음'이라는 말이 여러 가지 의미로 쓰인 것을 알면 도움이 됩니다. 존 블랜처드는 성경에 나오는 마음의 여덟 가지 역할을 보여 줍니다.

▶ 감정이 있는 곳
▶ 깨달음이 있는 곳

- ▶ 이성이 있는 곳
- ▶ 양심과 관계하는 곳
- ▶ 동기가 있는 곳
- ▶ 욕구의 뿌리가 있는 곳
- ▶ 의사 결정과 관계하는 곳
- ▶ 믿음이 있는 곳

그러므로 우리 마음은 우리의 속사람, 즉 자신의 진정한 모습을 대표한다고 생각할 수 있습니다. 우리가 진정 누구인가는 사실 마음이 어떠한가에 달려 있습니다. "대저 그 마음의 생각이 어떠하면 그 위인도 그러한즉"(잠언 23:7).

'청결하다'라는 말은 깨끗하게 세탁된 옷이나 모든 찌꺼기가 제거된 곡식이나 모든 불순물이 없어질 때까지 정련된 금을 가리킬 때 사용됩니다. 그러므로 청결한 마음은 모든 죄악 된 동기가 제거된 마음입니다. 긍정적인 표현으로 하면, 마음을 다하고 목숨을 다하고 뜻을 다하여 하나님을 사랑하며(마태복음 22:37), 먹든지 마시든지 무엇을 하든지 다 하나님의 영광을 위하여 하는 것을 말합니다(고린도전서 10:31).

여기서 한 가지 문제에 부딪힙니다. 마음의 여덟 가지 역할에서 보았듯이, 영적인 마음은 그리 단순하게 설명할 수 없습니다. 우리 각자는 여덟 가지 중의 어느 하나로도 죄의 유혹에 빠질 수 있습니다. 더 나아가 우리의 마음은 심히 거짓되고 복잡하기에 오직 하나님만 제대로 꿰뚫어 보실 수 있습니다. 우리 스스로도 마음속의 동기가 실제로 어디가 끝인지 제대로 파악할 능력이 없습니다. 두마음이 항상 자리 잡고 있습니다. 하나님의 영광을 위해 살겠다고 말하지만 실제 살아가는 과정에서는 자신이 인정받고 멋있게 보이고 싶어 합니다. 의사 결정을 할 때 하나님의 뜻과 일치하지 않음을 느끼면서도 자신의 생각을 고집하고 합리화하려고 합니다. 우리의 이성과 깨달음도 자신의 강렬한 욕망에 눌려 제대로 기능을 다하지 못합니다. 솔직하게 자신을 돌아보면 우리 속에 청결한 마음이 없음을 인정할 수밖에 없습니다.

그렇다면 어떻게 마음이 청결한 자가 될 수 있습니까? 그것은 우리의 삶에서 그리스도의 주재권을 인정할 때부터 시작된다고 믿습니다. 이는 구체적으로 어떤 의미입니까?

때때로 '그리스도의 주재권'에 대하여 설명하기 위해 '자동차 예화'가 사용되곤 합니다. 즉 당신은 인생이라는 자동차를 운전하고 있습니다. 예수님께서는 당신 옆자리에 앉아 계십니다. 어느 시점에서 예수님께서는 "운전대를 내게 맡겨라"라고 말씀하십니다. 그래서 당신은 자동차의 운전을 주님께 맡깁니다. 그렇게 함으로써 당신은 당신 인생의 주인이 예수님이심을 인정하게 됩니다.

여기에 좀 더 설명하자면 예수님께서는 "운전대를 내게 맡겨라"라고 말씀하시는 것 이상으로 "이 차의 주인은 나다"라고 말씀하십니다. 성경에는 "너희는 너희의 것이 아니라 값으로 산 것이 되었으니"라고 말씀하십니다(고린도전서 6:19-20).

우리가 더 이상 우리 자신의 소유가 아니라 그리스도의 것임을 깨달을 때, 그리스도인의 삶의 근본적인 진리를 제대로 알게 되는 셈이며, 그래야 비로소 청결한 마음이 실제로 무엇을 의미하는지를 올바로 이해할 수 있습니다.

또 다른 예화 하나를 들겠습니다. 이 예화는 우리 삶에 대한 그리스도의 소유권을 보다 쉽고 강력하게 설명해 줍니다. 내가 당신에게 어떤 부동산을 팔려고 합니다. 거기엔 이미 냈어야 할 담보 대출금이 딸려 있는 부동산입니다. 그런데 당신이 그 남은 대출금을 포함하여 모든 값을 다 지불했다고 합시다. 그러면 이제 그 부동산의 소유권은 완전히 당신에게로 넘어갔습니다. 이제 나는 더 이상 그 부동산이 어떻게 쓰일지에 대해서 한마디도 주장할 수 없습니다. 이것이 진정 그리스도께서 본질적으로 하신 일입니다. 십자가에서 죽으심으로 예수님께서는 하나님께 진 우리의 모든 죄의 빚을 완전히 갚아 주셨습니다. 빚더미에 눌려 밤낮 괴로워한 적이 있습니까? 하나님께 진 빚은 우리 힘으로는 도저히 감당할 수 없는 어마어마한 빚입니다. 디도서 2:14에서는 이렇게 말합니다. "그가 우리를 대신하여 자신을 주심은 모든 불법에서 우리를 구속하시고 우리를 깨끗하게 하사 선한 일에 열심하는 친백성이 되게 하려 하심이니라."

그렇다고 해서 오늘 무슨 색 양말을 신어야 할지 예수님께 물어보아야 한다는 말은 아닙니다. 우리가 더 이상 우리 자신의 것이 아님을 늘 마음속에 기억하기를 원하신다는 뜻입니다. 당신은 주님께서 값으로 산 것이 되었습니다. 당신은 그리스도의 것입니다.

우리가 하나님의 소유권을 인정하게 되면 그다음 우리의 할 바는 분명해집니다. 우리가 무엇을 하든 하나님의 뜻과 일치하며 하나님의 목적을 위해 힘써야 합니다. 성경 곳곳에 나와 있듯이 하나님의 뜻과 목적 가운데 으뜸은 하나님의 영광입니다. 고린도전서 6:20에는 고린도 성도들에게 성적 순결에 대해 경계하면서 다음과 같이 끝을 맺습니다. "그런즉 너희 몸으로 하나님께 영광을 돌리라." 그리고 우상에게 제물로 드려진 고기를 먹어도 되느냐는 문제를 다룬 후에도 동일한 내용을 강조했습니다. "그런즉 너희가 먹든지 마시든지 무엇을 하든지 다 하나님의 영광을 위하여 하라"(고린도전서 10:31). 이것이 청결한 마음에 대한 적극적인 표현입니다.

오래전, 내가 아직 20대였을 때, "우리에게 과연 권리가 있는가?"라는 책을 선물로 받았는데, 읽다가 중도에서 그만두었습

마음이 청결한 자

니다. 왜냐하면 그 책에서 저자는 '그리스도인에게는 아무 권리가 없다'라고 주장했는데, 영적으로 어렸던 나는 저자의 말을 선뜻 받아들이기가 어려웠습니다. 하지만 지금은 그 말에 전적으로 동의합니다. 내가 더 이상 '나의 것'이 아니므로 내게는 내 마음대로 할 권리가 없습니다. 건강을 위해 조심하며 살아야 할 책임은 있지만, 병에 걸리지 않고 건강하게 살아야 한다고 주장할 권리는 내게 없습니다. 일을 할 때는 어떤 일이든지 하나님께서 내게 맡기셨으므로 탁월하게 완수할 책임은 있지만, 반드시 성공해야 한다고 주장할 권리는 없습니다. 다른 사람을 존경하고 공평하게 대할 책임은 있지만, 내가 존경받고 공평하게 대접을 받아야 한다고 주장할 권리는 없습니다(마태복음 7:12, 22:39 참조).

위의 마지막 문장은 너무 불공평해 보이지 않습니까? 그렇게 보일지라도 우리 삶의 모든 권리는 우리 주 예수 그리스도께 속했음을 인정해야 합니다. 주님께서는 완전한 사랑과 지혜 가운데 그 권리를 행사하십니다. 그래서 다른 사람에게서 받는 좋고 나쁜 모든 대우를 사용하셔서 우리가 더욱더 주님을 닮아 가도록 역사하십니다.

이제 '자동차 예화'로 다시 돌아가 봅시다. 예수님께서는 "이 차의 주인은 나다"라고 말씀하십니다. 차의 소유권이 더 이상 내게 있지 않고 주님께 있습니다. 그러므로 이제 목적지는 더 이상 내가 원하는 곳이 아니라 주님께서 원하시는 곳이어야 합니다. 이 예화를 실제 삶에 적용해 봅시다. 나는 나의 삶을 살아갑니다. 내게는 이해하고 논리를 펼 수 있는 능력이 있습니다. 감정도, 동기도, 모든 욕구도 여전히 내게 있습니다. 그러나 마음이 청결하려면, 좀 더 정확히 말해 청결한 마음을 추구하려면, 내 마음에서 일어나는 이 모든 활동에 대해 그리스도의 소유권을 인정해야 합니다.

오늘날처럼 독립적인 성향이 강한 시대에서 우리 삶의 주인이 그리스도이심을 인정하는 사고방식은 좀처럼 찾아보기 힘듭니다. 많은 그리스도인이 이에 대한 확신이 없습니다. '품위 있는' 그리스도인의 삶을 살고 '큰 죄'를 범하지 않는 데서 자기 나름대로 안도감을 갖지만, 자신의 권리를 포기하고 삶의 통치권을 그리스도께 내어 드리는 것은 별개의 문제라고 생각합니다. 그러면 어떻게 그런 삶을 살 수 있습니까? 자기 삶의 통치권을 그리스도께 온전히 내어 드리기 위해서는 복음에 나타난 그리스도의 사랑을 올바로 깨달아야 합니다. 하나님의 공의롭고 거룩한 진노로부터 나를 구원하시기 위해 나를 대신하여 십자가에서 생명까지 버리신 분이 바로 예수님이십니다. 그분이 나의 주인이십니다.

내가 좋아하는 구절 가운데 하나가 고린도후서 5:14-15입니다.

그리스도의 사랑이 우리를 강권하시는도다. 우리가 생각건대 한 사람이 모든 사람을 대신하여 죽었은즉 모든 사람이 죽은 것이라. 저가 모든 사람을 대신하여 죽으심은 산 자들로 하여금 다시는 저희 자신을 위하여 살지 않고 오직 저희를 대신하여 죽었다가 다시 사신 자를 위하여 살게 하려 함이니라.

여기서 "그리스도의 사랑이 우리를 강권하시는도다"라는 말씀의 의미는 무엇입니까? 무디 성경학교에서 강의하는 케네스 우스트는 이 말씀을 다음과 같이 풀어 썼습니다. "그리스도께서 [내게 주신] 강력한 사랑은 나의 영혼을 사로잡고 사방에서 나를 계속 압박합니다. 다른 어떤 것에도 한눈팔지 못하게 하고 오로지 한 가지 목표에 붙좇게 하면서도, 부드럽게 나를 감싸고 강렬한 동기를 주어 다음의 결론에 이르게 합니다. '한 사람이 모든 사람을 대신하여 죽었기 때문에 모든 사람이 죽었습니다.'"

'한 가지 목표' 곧 삶의 목표는 오직 하나이며 다른 목표는 일절 없습니다. 두마음을 품지 않습니다. 이러한 것이 청결한 마음입니다. 무엇이 바울을 그 한 가지 목표에 집중하게 했습니까? 그것은 십자가의 죽으심을 통해 나타난 그리스도의 사랑입니다. 목표는 무엇입니까? 더 이상 우리 자신을 위하여 살지 않고 우리를 대신하여 죽었다가 다시 사신 자를 위하여 사는 것입니다.

그렇다면 다른 목표는 모두 불법이란 뜻입니까? 전혀 그렇지 않습니다. 우리에겐 모두 나름대로 목표가 있습니다. 내게는 이 책을 마치겠다는 목표가 있습니다. 결혼기념일에 아내를 위해 뭔가 특별한 일을 하겠다는 목표도 있습니다. 그 외에도 수없이 많습니다. 그러나 이 모든 목표 중에서 오직 한 가지 목표가 언제나 우리 삶을 주관하도록 해야 합니다. 그리스도께서 우리 삶의 '주인'이시며, 우리는 더 이상 우리 자신을 위해 살지 않고 오직 그리스도를 위해 사는 것, 이 한 가지를 잊지 말아야 합니다.

이와 연관하여 로마서 12:1 말씀도 도움이 됩니다.

> 그러므로 형제들아, 내가 하나님의 모든 자비하심으로 너희를 권하노니, 너희 몸을 하나님이 기뻐하시는 거룩한 산제사로 드리라. 이는 너희의 드릴 영적 예배니라.

우리 몸을 하나님께 드린다는 말은 우리 삶의 '주인'이 그리스도이심을 인정한다는 뜻입니다. 이는 우리가 주님의 소유라는 객관적 진리에 대한 우리의 주관적이고 실제적인 응답입니다. 사도 바울은 무엇 때문에 이처럼 강력한 권면을 하고 있습니까? 그것은 우리 죄를 위해 우리를 대신하여 죽으신 그리스도의 십자가에 나타난 하나님의 자비와 긍휼 때문입니다. 이와 연관한 하나님의 자비와 긍휼은 로마서 5:6-10과 에베소서 2:1-7에도 잘 나타나 있습니다.

여러분은 내가 끊임없이 복음으로 되돌아가고 있음을 느꼈으리라 생각합니다. 그렇습니다. 마음이 청결한 자가 되도록 동기를 주고 또 지속적으로 동기를 불어넣어 주는 유일한 원동력이 바로 복음에 나타난 그리스도의 사랑이기 때문입니다.

그러나 마음이 청결한 자가 되기 위해서는 올바른 동기와 지속력 그 이상이 필요합니다. 우리 속에서 역사하시며 우리에게 능력을 주시는 성령님을 온전히 의지해야 합니다. 다음 두 성경 말씀은 마음이 청결한 자가 되기 위한 우리의 책임에 대해 잘 말해 주고 있습니다. 첫 번째는 시편 86:11 말씀입니다.

여호와여, 주의 도로 내게 가르치소서. 내가 주의 진리에 행하오리니 일심으로 주의 이름을 경외하게 하소서.

우리 자신의 의지만으로는 하나님을 경외하는 마음, 즉 하나님을 두려워하고 하나님만을 영화롭게 하려는 마음을 가질 수 없습니다. 다윗처럼 우리도 매일의 삶에서 일심으로 하나님을 경외하도록 간구해야 합니다.

두 번째는 로마서 12:2 말씀입니다.

너희는 이 세대를 본받지 말고 오직 마음을 새롭게 함으로 변화를 받아 하나님의 선하시고 기뻐하시고 온전하신 뜻이 무엇인지 분별

하도록 하라.

이 구절에서 성경이라는 낱말은 나오지 않지만 그 의미가 충분히 담겨 있습니다. 우리 마음은 성경 말씀을 섭취할 때에 새롭게 변화됩니다. 그러므로 꾸준히 성경을 읽고 공부하며, 이를 통해 깨닫고 배운 바를 일상생활에 적용해야 합니다.

마음이 청결한 자가 되면, 좀 더 정확히 말해 청결한 마음을 추구하면 하나님께 더욱 초점을 맞춘 삶을 살게 되어 마침내 **행동하는 겸손**이 생깁니다. 우리 자신이 더 이상 내 것이 아니라 그리스도께 속한 자임을 인정하려면 겸손이 필요합니다. 우리 마음속의 욕구와 동기와 감정과 의사 결정이 으레 우리 자신을 향해 쏠려 있어 우리 마음이 그리스도를 떠나 있을 때가 얼마나 많은지 깨달으면 겸손해지지 않을 수 없습니다.

우리 마음이 청결한 마음과는 너무나 거리가 멀다는 사실을 깨달을 때 팔복의 첫 번째인 '심령이 가난한 자'로 다시 돌아가게 되며, 우리 마음이 그렇게나 자주 그리스도를 떠난다는 사실로 인해 심히 '애통하는 자'가 되고 마침내 겸손해집니다. 정직하게 자신을 돌아봄으로써 생긴 겸손은 다시 우리를 복음으로 강력히 이끌어 갑니다. 그 복음 안에서 우리는 인류 역사를 통틀어 유일하게 완벽히 청결한 마음을 지니신 분과 온전히 하나로 연합되어 있습니다. 이 연합을 통해서만이 우리 능력으로는 결

마음이 청결한 자 127

코 이를 수 없는 청결한 마음을 추구하려는 동기와 능력을 공급 받습니다.

영적으로 성장하면서 내가 즐겨 불렀던 찬송가인 "못 박혀 죽으신"이라는 곡을 최근에 묵상하였습니다. 1절의 마지막 가사가 "죄 속함 받고서 이 몸과 맘 드려 간절히 빌 때에 들으소서"입니다. 여기서 "이 몸과 맘 드려"가 그대로 청결한 마음을 의미합니다. 나를 위해서도 이렇게 기도하며, 여러분을 위해서도 또한 이렇게 기도합니다.

묵상을 위한 질문

1. 예수님께서는 "마음이 청결한 자는 복이 있나니"라고 말씀하셨습니다. 여기서 '청결'의 의미는 무엇입니까? '마음'의 의미는 무엇입니까?

2. 본 장의 내용을 기초로 자신의 마음이 얼마나 청결한지를 1에서 10까지 점수를 매긴다면 몇 점을 줄 수 있겠습니까?

3. 자신의 삶이 자기 소유가 아니라 그리스도의 것이라는 사실을 인정하고 굴복하는 데 가장 큰 동기가 되는 말씀은 무엇입니까?

4. 마음의 청결함을 추구하고자 할 때, 성령께서 하시는 역할은 무엇입니까? 하나님의 말씀은 어떤 역할을 합니까?

제 8 장

화평케 하는 자

화평케 하는 자는 복이 있나니
저희가 하나님의 아들이라
일컬음을 받을 것임이요.
마태복음 5:9

인류 역사를 돌아보면, 어떤 갈등이나 분쟁이 생겼을 때 그것을 화평케 해야 할 필요성은 아담과 하와의 아들인 가인이 동생 아벨을 죽였을 때까지 거슬러 올라갑니다. 그때 이후로 수많은 종족과 나라 사이에 갈등과 분쟁이 있었고, 오늘날에는 노조와 경영진, 학생과 학교 당국, 그리고 슬프게도 교회 안에서도 분쟁이 있으며, 심지어 가족 안에도 있습니다.

그러므로 국가 간이든, 노사 간이든, 아니면 학생과 학교 당국 사이든, 오늘날 화평케 하는 자의 역할을 할 수 있는 사람이 참으로 필요한 시대입니다. 요즘에는 별도로 교회나 가족 안에서의 분쟁을 중재하고 화평을 도모하는 목적으로 세워진 사역 기관도 있습니다. 우리는 사회 각계각층에서 화평케 하는 자의 역할을 감당하고 있는 이들에게 마땅히 감사해야 합니다.

그러나 예수님께서 "화평케 하는 자는 복이 있나니"라고 말씀하실 때, 앞에서 말한 부류의 사람들을 염두에 두고 하신 말씀은 아니라고 생각합니다. 권세와는 무관한 사람들, 다시 말하면 국내에서나 혹은 국제 외교 무대에서 그러한 역할을 하는 특정한 사람이 아닌 이들에게 하신 말씀입니다. 또한 교회나 가족 안에서 화평을 중재할 수 있는 은사와 능력을 갖춘 일부 사람들을 염두에 두고 하신 말씀도 아닙니다. 물론 이러한 사역을 하는 사람들이 매우 중요하기는 하지만 주님께서는 그런 특정한 사람들을 대상으로 이 말씀을 하신 게 아닙니다. 팔복의 다른 요소처럼 그 당시 말씀을 듣는 모두에게 적용되는 진리를 말씀하셨습니다. 이는 또한 오늘날 평범한 우리 모두에게도 적용되는 진리입니다.

예수님께서는 다른 사람과의 관계에서 갈등이 생길 때 바로 우리가 화평케 하는 자가 되라고 말씀하십니다. 따라서 우리 안에서 갈등을 일으키는 근본적인 원인이 무엇인지 자세히 살펴볼 필요가 있습니다.

신약의 서신서를 읽다 보면 인간관계에서 생기는 갈등과 연관한 내용이 자주 나오는 것을 볼 수 있습니다. 갈라디아서 5:15

에는 "만일 서로 물고 먹으면 피차 멸망할까 조심하라"라고 말합니다. 갈라디아서 5:19-21에서는 육체의 소욕으로 인한 죄를 열거하면서 음행과 같은 죄뿐만 아니라 분쟁, 시기, 분 냄, 투기와 같은 죄도 함께 다루었습니다. 야고보서 4:1에는 "너희 중에 싸움이 어디로, 다툼이 어디로 좇아 나느뇨?"라고 물었는데, 전체적인 맥락을 보면 칼처럼 날카로운 혀의 사용에 관해 말씀하고 있습니다(야고보서 3:6-4:2). 구약 성경에서도 올바르지 못한 혀의 사용을 경계하고 있습니다. "유순한 대답은 분노를 쉽게 하여도 과격한 말은 노를 격동하느니라"(잠언 15:1).

대체로 혀를 잘못 사용하여 서로 간에 갈등이 생기는 경우가 많습니다. 하지만 혀는 단지 도구일 뿐입니다. 진짜 문제는 마음입니다. 예수님께서는 "이는 마음에 가득한 것을 입으로 말함이라"라고 하셨습니다(마태복음 12:34). 마음속에 있는 분노와 시기, 교만과 같은 것으로 인해 서로에게 날카로운 상처와 아픔을 주는 말을 합니다. 그리고 받은 상처로 인해 마음에 원망을 품고 있다가 결국 또다시 말다툼을 하게 됩니다.

그러므로 화평케 하는 자가 되려면 우리 자신에게서부터 시작해야 합니다. "나는 왜 다른 사람에게 상처 주는 말을 하는가? 왜 그들을 깎아 내리는 말을 하는가?" "왜 그 사람을 원망하는가?" 혹은 "왜 그 사람을 용서하지 않고 미움을 계속 마음에 품고 있는가? 무엇 때문에 그 사람을 시기하고 질투하는가?"와 같은 질문을 자신에게 해 보아야 합니다.

그러려면 먼저 우리에게 그런 태도가 있음을 정직하게 인정해야 합니다. 그런데 우리는 그것이 얼마나 나쁜 죄인 줄 의식하고 있기 때문에 우리에게 그런 것이 없다고 애써 부인하려는 경향이 있습니다.

따라서 다른 사람과의 관계에서 생긴 갈등을 제대로 해결하려면 우선 우리 마음속에 있는 죄 된 감정과 태도를 먼저 올바로 다루어야 합니다. 그렇다면 어디서부터 시작해야 할까요? 한 가지 방법으로, 앞에서 다룬 팔복의 각 요소를 살펴보며 기도하는 가운데, 자신이 얼마나 그 말씀대로 살고 있는지를 다음과 같이 질문해 보며 돌아보기를 권합니다. 나는 심령이 가난한가? 나는 나의 죄를 애통하는가? 나는 하나님 앞에서 그리고 다른 사람과의 관계에서 진정으로 온유한가? 나는 겉으로 드러나는 행동뿐만 아니라 마음속에서도 의에 주리고 목마른가? 나는 하나님께서 나를 얼마나 긍휼히 여겨 주셨는지를 생각하며 내게 죄를 지은 사람을 긍휼히 여기는가? 내가 이제는 더 이상 나의 것이 아니라 그리스도의 소유임을 인정하며 전심으로 주님을 따르고 있는가? 그리고 만약 주님이 진정으로 나의 주인이시라면 내가 어떤 대접을 받느냐가 그렇게 중요한 문제가 되는가? 왜냐하면 이는 전적으로 주님의 권한이기 때문입니다.

만약 정직한 마음으로 이러한 질문을 스스로에게 한다면, 마음이 한없이 겸손해지지 않을 수 없습니다. 그제야 비로소 우리는 화평케 하는 자의 역할을 감당할 수 있는 자리에 서게 됩니다.

만일 다른 누군가와 갈등이 생겼을 때 이를 화평케 하는 것이 해도 되고 안 해도 되는 선택 사항이 아닙니다. 이는 하나님의 명령입니다. 히브리서 12:14에는 다음과 같이 말씀합니다. "모든 사람으로 더불어 화평함과 거룩함을 좇으라." 여기서 '좇으라'는 매우 강력한 뜻이 있는 말로서 종종 '추구하다'와 같은 뜻으로 쓰입니다. 빌립보서 3:12,14에서는 "좇아가노라"라는 표현을 사용했으며, 디모데후서 2:22에서는 사도 바울이 디모데에게 "화평을 좇으라"라고 강한 어조로 권면합니다. 베드로전서 3:11에는 시편 34:14을 인용하여 "악에서 떠나 선을 행하고 화평을 구하여 이를 좇으라"라고 말씀했습니다. 이 모든 표현에는 열심 있는 태도가 담겨 있습니다. 다른 사람과의 관계에서 갈등이 있을 때, 화평케 하려는 '간절한 열망'을 가지고 '성실한 노력'을 다해야 합니다. 사도 바울이 "좇아가노라"라고 말했을 때 여기에는 다른 사람들이 실망스런 반응을 보이더라도 낙망하거나 포기하지 않고 계속 노력하는 인내가 포함됩니다.

그러면 이러한 태도가 일상생활에서는 어떤 모습으로 나타납니까? 이에 대해 로마서 12:14-21에서 몇 가지를 권고합니다.

14절에서 "너희를 핍박하는 자를 축복하라"라는 구절은 참으로 깜짝 놀라게 하고 받기 어려운 말씀입니다. 보복은커녕 축복하라니요? 이 구절에 이르면 우리는 그냥 지나치려는 경향이 있습니다. 실제로 핍박을 당하는 일도 거의 없기 때문입니다. 그러나 여기에는 무시해서는 안 될 원리가 담겨 있습니다. 우리에게 어떤 식으로든 부당하게 대우하는 사람도 축복해야 합니다. 그것이 상처를 주는 말이나 행동일 수도 있습니다.

또한 "아무에게도 악으로 악을 갚지 말아야" 하며, "친히 원수를 갚지 말아야" 합니다(17,19절). 대신에 하나님께 맡겨야 합니다. 그렇다고 하나님께 그 사람을 심판해 주시길 구하라는 뜻이 아니라 온전히 공의로우신 하나님께 우리의 사정을 전적으로 맡기라는 말입니다.

예수님의 말씀이나 사도들의 여러 서신서를 보면 마치 세상의 가치관을 거꾸로 뒤집어 놓은 것처럼 보입니다. 보복하거나 저주하는 대신에 축복하며, 원수를 갚는 대신에 하나님의 공의로운 손에 맡기라는 말씀은 오늘날 세상의 가치관으로는 도저히 감당할 수 없는 수준입니다. 슬프게도 종종 우리의 가치관과도 부딪칩니다. 그러나 진실로 성경적인 삶을 살고자 한다면, 성경에서 제시하는 수준을 따르기 위해 간절한 열망을 가지고 최선의 노력을 다해야 합니다.

때로 아무리 최선의 노력을 해도 상대의 반응이 몹시 마뜩하지 않을 수가 있습니다. 이런 경우에 로마서 12:18 말씀이 도움이 됩니다. "할 수 있거든 너희로서는 모든 사람으로 더불어 평화하라." 어떻게 이렇게 할 수 있습니까? 예수님께서는 "나는 너희에게 이르노니 너희 원수를 사랑하며 너희를 핍박하는 자를 위하여 기도하라"라고 말씀하셨습니다(마태복음 5:44). 우리에게 상처 준 사람을 위해 기도하며, 하나님께서 그들을 축복해 주시길 구할 수 있겠습니까?

화평케 하는 자가 되려면 먼저 자신에게 상처 주는 말이나 행동을 한 사람을 받아들여야 합니다. 그를 향해 분을 품고 저주하거나 혹은 그 사람과의 관계를 단절시켜서는 안 됩니다. 여기서 상처를 주는 행동이라고 할 때에는 신체적인 학대 행위는 포함하지 않습니다. 그런 사항은 이 책에서 다루는 범위를 넘어서기 때문이며, 이를 직접적으로 다룬 다른 서적을 참고하기 바랍니다. 그러나 험담, 비방 혹은 분노에 찬 말은 다른 사람에게 큰 상처를 줄 수 있으며, 두 사람 혹은 그 이상의 사람들과의 관계를 크게 갈라놓을 수 있습니다. 또한 화평케 하는 자가 된다는 것은 깨어지고 상한 관계를 회복하기 위해 먼저 주도권을 갖는 것임을 의미합니다. 심지어 불화의 주된 책임이 다른 사람에게 있을 때라도 그렇게 해야 하며, 만약 당신 때문에 관계가 깨졌다면 당연히 당신이 먼저 주도권을 가지고 관계 회복을 위해 노력해야 합니다.

또한 화평케 하는 자가 되려면 자기 이익을 먼저 챙기려는 관심이나 자신에게 우선 어떤 영향을 미치게 될 것인가의 관점에 빠지지 않도록 해야 합니다. 대신에 하나님의 영광에 진정한 관심을 갖고, 지금 처한 갈등 상황에서 하나님의 영광을 구하려면 어떻게 해야 할 것인가에 초점을 두어야 합니다. 이처럼 우리 자신이 결부된 갈등 상황에서 진정 내가 먼저 화평케 하는 자로서 행동한다면 이야말로 **행동하는 겸손**을 가장 잘 실천하는 본이라 할 수 있습니다.

이러한 겸손은 단순히 외적인 모양만 따라 해서는 안 되며 마음에서 우러나와야 합니다. 우리의 죄악 된 본성으로는 이를 도저히 행할 수가 없기에 오직 성령을 따라 행할 때만 가능합니다. 그리고 성령께서는 도구를 사용하여 역사하시기도 하는데 그 주된 도구는 하나님의 말씀과 우리의 기도입니다. 베드로전서에 나오는 다음의 말씀을 묵상하면서 기도해 보시기 바랍니다.

> 사환들아, 범사에 두려워함으로 주인들에게 순복하되, 선하고 관용하는 자들에게만 아니라 또한 까다로운 자들에게도 그리하라. 애매히 고난을 받아도 하나님을 생각함으로 슬픔을 참으면 이는 아름다우나. (베드로전서 2:18-19)

이 구절에서 사도 베드로는 특정한 상황을 염두에 두고 말했지만, 여기에 담긴 원리는 상처를 입거나 부당한 대우를 받는 모든 상황에도 적용할 수 있습니다. "애매히 고난을 받아도 하나님을 생각함으로 슬픔을 참으면 이는 아름다우나"라고 했습니다. 이것이 왜 아름답습니까? 우리 자신을 기쁘게 하려는 마음이 아니라, 하나님을 기쁘시게 하고 하나님의 영광을 구하는 마음이기 때문입니다.

이어서 베드로전서 2:22-23에는 예수님의 본을 인용합니다.

저는 죄를 범치 아니하시고 그 입에 궤사도 없으시며, 욕을 받으시되 대신 욕하지 아니하시고, 고난을 받으시되 위협하지 아니하시고, 오직 공의로 심판하시는 자에게 부탁하시며.

만일 "다른 사람의 죄에 대해서는 어떻게 해야 합니까? 누가 이 문제를 다루어야 합니까?"라고 질문한다면 위의 말씀처럼 예수님께서 욕을 받으셨을 때 보이신 대응이 그 대답입니다.

그러므로 현재 자신이 어떤 갈등 상황에 놓여 있다면, 그것도 상처를 받고 있는 처지라면, 애매히 고난을 받고 있는 사람들을 위해 예수님께서 보여 주신 본을 깊이 생각해 볼 것을 권합니다. 이러한 원리를 자신이 겪고 있는 상황에 잘 적용할 수 있도록 성령께서 지혜와 능력을 더하여 주시도록 기도하시길 바랍니다. 이런 과정에서 진정 **행동하는 겸손**이 나타나게 됩니다.

화평케 하는 것은 단순히 손상된 관계만 회복하는 정도가 아니라 아름다운 우정을 나누는 관계로까지 발전하는 것임을 의미합니다. 최근에 나의 절친한 친구의 경험을 통해 이를 볼 수 있었습니다. 그는 이렇게 말했습니다.

수년 전에 아버지께서 미시간에서 돌아가셨고, 바로 다음 해에 어머니마저 돌아가셨습니다. 그때 나는 결혼하여 두 아이와 함께 캘리포니아에서 살고 있었습니다. 우리는 모두 미시간으로 가서 장례를 치렀고 남은 집과 재산을 처분했습니다. 내게는 몇 살 많은 누나가 있었는데, 나는 누나와 늘 불편한 관계 속에서 살았습니다. 자라면서 누나 때문에 겪은 여러 가지 일로 상처를 받았기에 누나를 대할 때마다 늘 거북하였습니다. 장례를 마친 후에도 우리 둘 사이에는 어색한 긴장감이 맴돌았습니다. 실제로 나는 이때가 누나와의 마지막 만남일 수도 있다고 생각했습니다.

캘리포니아 집으로 돌아와서 가깝게 지내는 친구들과 함께 예수님 안에서 성장하기 위해 매주 성경 말씀을 공부하고 서로의 삶을 나누는 모임을 가졌습니다. 누나와의 관계에서 느끼는 나의 고민을 듣고 있던 한 형제가 대뜸 "누나를 사랑합니까?"라고 내게 물었습니다. 내가 사랑한다고 말하자 "얼마나 자주 만납니까?" 하고 다시 물었습니다. 그 순간 나는 누나와의 관계를 회복하려는 나의 마음은 사실 의무감과 더불어 내

안에 생기는 죄책감을 누그러뜨리고 싶은 마음뿐임을 깨닫게 되었습니다. 누나를 진정으로 사랑하는 게 아니었습니다.

얼마 지나지 않아 주님께서는 나에게 주님께서 누나를 얼마나 사랑하시는지, 그리고 누나가 주님께 얼마나 중요한 사람인지를 깊이 생각하게 해 주셨습니다. 그러면서 나도 주님처럼 누나를 사랑해야 하며 누나는 나에게도 매우 소중한 사람임을 깨닫게 해 주셨습니다. 며칠 후, 누나에게 안부를 물으려고 전화를 했고, 가벼운 대화를 나누었습니다. 그리고 이후 몇 년에 걸쳐 두세 달마다 누나에게 전화를 걸었습니다. 오랜 시간이 지나 누나에게서 먼저 전화를 받기도 했지만, 나는 단단히 결심을 하고 기도하면서 누나에게 지속적으로 연락을 했습니다. 한참 동안 이 일을 의무감으로 반복했지만, 하나님께서는 신실하게도 내 마음에 누나를 진정으로 사랑하는 마음으로 채워 주셨습니다.

약 4년 후에 누나와 조카딸이 우리 집에 방문해서 며칠을 묵었습니다. 그때 우리 두 사람의 관계에 참으로 뜻깊은 변화가 있었습니다. 누나는 오랫동안 내가 왜 계속 전화를 하는지 의아하게 생각했지만, 결국에는 내가 누나를 사랑하고 있다는 사실을 깨닫게 되었다고 말했습니다.

이제 여러 해가 지났지만, 누나와 나는 이전까지는 상상도 못할 정도로 가까운 사이가 되었습니다. 우리는 서로를 사랑하고 존경합니다. 자주 전화 통화를 하며 함께 웃기도 하고 울기도 하고 기도하기도 합니다. 우리는 진정 '막역한' 친구 사이라고 당당히 말할 수 있습니다. 이제 누나는 남편을 여의고 혼자 살지만, 나를 사랑하고 나를 인생에서 가장 좋아하는 사람이라고 말하며, 나 또한 누나를 정말 사랑합니다.

진정 '화평케 하는 자'가 된다는 의미를 아름답게 보여 준 사례입니다.

묵상을 위한 질문

1. 저자는 화평케 하는 자가 되려면 우리 자신에게서부터 시작해야 한다고 말합니다. 왜 그렇습니까?

2. 화평케 하는 자가 되기 위해 팔복의 첫 여섯 가지 성품을 각각 어떻게 적용할 수 있습니까?

3. 종들에게 했던 베드로전서 2:18-20 말씀과 예수님의 본이 나오는 베드로전서 2:22-23 말씀을, 다른 사람이 나에게 악을 행했을 때 어떻게 적용할 수 있겠습니까?

4. 인간관계에서 생기는 죄가 도덕적 순결의 영역에서 생기는 죄만큼 심각함을 보여 주는 말씀은 무엇입니까? 이에 비추어 볼 때 자신의 행동에 어떤 변화가 있어야 합니까?

제 9 장

의를 위하여 핍박을 받은 자

> 의를 위하여 핍박을 받은 자는 복이 있나니
> 천국이 저희 것임이라. 나를 인하여 너희를 욕하고
> 핍박하고 거짓으로 너희를 거스려 모든 악한 말을 할 때에는
> 너희에게 복이 있나니, 기뻐하고 즐거워하라.
> 하늘에서 너희의 상이 큼이라. 너희 전에 있던
> 선지자들을 이같이 핍박하였느니라.
> 마태복음 5:10-12

하나님을 믿는 사람들이 핍박을 받는 일은 인류 역사만큼이나 오래됩니다. 구약 성경을 읽어 보면 이를 잘 알 수 있습니다. 히브리서에는 구약의 성도들이 받은 핍박이 잘 요약되어 있습니다.

여자들은 자기의 죽은 자를 부활로 받기도 하며, 또 어떤 이들은 더 좋은 부활을 얻고자 하여 악형을 받되 구차히 면하지 아니하였으며, 또 어떤 이들은 희롱과 채찍질뿐 아니라 결박과 옥에 갇히는 시험도 받았으며, 돌로 치는 것과 톱으로 켜는 것과 시험과 칼에 죽는 것을 당하고 양과 염소의 가죽을 입고 유리하여 궁핍과 환난과 학대를 받았으니. (히브리서 11:35-37)

핍박은 신약 시대에도 계속되었습니다. 스데반은 최초의 순교자였습니다(사도행전 7장 참조). 사도 바울은 회심하기 전에 다소 지방의 사울로 불렸는데 교회를 극렬히 핍박하였습니다(고린도전서 15:9). 그때 이후로 그리스도인은 끊임없이 박해를 받았습니다. 20세기에 순교한 그리스도인의 수가 이전의 어느 때보다도 많다는 사실은 널리 알려져 있으며, 이런 현상은 21세기에도 여전히 자행되고 있습니다. 오늘날에도 어떤 지역에서는 믿는 자들에게 심한 박해를 가하고 있습니다.

자유 세계에 살고 있는 사람들은 이러한 사실에 공감하기가 어려울 수도 있습니다. 사실 내게도 이 덕목을 다룬다는 것조차 큰 도전이었습니다. 왜냐하면 내가 신앙 때문에 박해를 받아 본 적이 없고, 또한 그런 경험을 겪은 사람을 개인적으로 알지도 못하기 때문입니다.

그러나 주위를 보면 의를 위하여 살다가 비록 눈에 보이는 신체적 박해는 아니지만, 다양한 모양으로 나타나는 핍박을 받는 사람이 많이 있음을 알 수 있습니다. 정치적으로, 경제적으로, 혹은 사회적으로 핍박을 받으며, 직업에서 차별을 당하거나 혹은 실직하고, 사회적 관심사에 대해 세상과 다른 견해를 갖고 있다는 이유로 임용을 거부당하기도 합니다. 공립 대학의 경우, 종교 동아리임에도 불구하고 신앙이 없거나 혹은 다른 종교를 갖고 있어도 회원으로 가입할 수 있도록 하거나 나아가 지도자 역할까지 허용하도록 요구하는 운동이 전개되고 있습니다. 이런 요구는 특히 기독교 단체를 겨냥한 것으로 보입니다.

나의 예상으로는 이런 식으로 나타나는 다양한 행태의 핍박이 갈수록 퍼지고 더욱 강해지리라 생각합니다. 잘 알려진 이야기 하나를 인용해 봅시다. 끓는 물이 담긴 솥에 개구리를 넣으면 뜨거워서 즉시로 뛰쳐나오지만, 적당한 찬물에 개구리를 넣고 서서히 온도를 올리면 물이 끓을 때까지 위험을 깨닫지 못하다가 깨달았을 때는 이미 늦었다는 이야기가 있습니다. 오늘날 우리 문화라는 '솥'이 지금 서서히 달아오르고 있으며 곧 끓는점에 도달할 것이라고 생각합니다. 그러므로 우리는 항상 하나님만을 영광스럽게 하는 자세로 단단히 준비되어 있어야 합니다.

오늘날의 문화가 성경적 가치관에 대해 날이 갈수록 적대적이라는 데에는 의심의 여지가 없습니다. 지난 세월 동안 나는 우리 문화가 단지 경건하지 않다는 정도로만 생각했습니다. 사람들이 마치 하나님께서 계시지 않는 것처럼 여기고 행동한다는 말입니다. 그런데 이제는 그 정도가 아니라 노골적으로 하나님을 정면으로 대적하는 모습으로 바뀌었다고 생각합니다. 우리의 문화에 적지 않은 영향을 주는 사람들, 예를 들면 학계, 언론계, 그리고 문화계 사람들 중 상당수가 공개적으로 하나님과 성경적 가치관에 대해 적대감을 드러냅니다. 이런 상황에 우리는 어떻게 대응해야 합니까?

　물론 우리에게는 사법 제도가 있고 헌법에도 종교의 자유가 명시되어 있기 때문에 필요한 경우 우리의 종교적 자유를 지키기 위해 이를 활용할 수도 있습니다. 사도 바울도 자신의 로마 시민권을 사용하여 불법적인 박해에서 두 차례나 보호를 받은 적이 있습니다(사도행전 16:35-39, 22:22-29 참조). 또한 가이사랴에서 열린 재판이 자신에 대해 편파적임을 알고는 직접 로마 황제에게 호소하기도 했습니다(사도행전 25:11 참조). 디모데후서 4장을 보면 이 호소는 실패로 돌아간 것으로 보입니다.

　법에 호소해도 많은 경우 결국에는 실패로 돌아갈 것이라고 생각합니다. 왜냐하면 성경적 가치관과 무관하거나 심지어 공공연하게 적대적인 법조인들이 갈수록 많아지고 있기 때문입니다. 대법원조차도 헌법 원리에 따른 판결보다도 대중문화에 편승한 결정을 내리고 있는 것으로 보입니다.

　이 사회가 전반적으로 더 이상 성경의 도덕적 권위를 인정하지 않고 있음이 명백해 보입니다. 그러므로 앞으로는 그리스도인들이 더욱 소외를 당하며, 경우에 따라서는 종교의 자유가 더욱 축소될 수도 있습니다. 여기에 우리는 어떻게 대처해야 합니까? 물론 세상 사람들과 똑같은 방식으로 대응해서는 안 되리라 생각합니다. 우리는 마태복음 5:44에서 예수님께서 가르쳐 주신 교훈을 따라야 된다고 생각합니다. "나는 너희에게 이르노니 너희 원수를 사랑하며, 너희를 핍박하는 자를 위하여 기도하라."

이른바 '전통적 가치관'이 무너지고 있다고 하면서 우리 그리스도인들이 보이는 반응을 살펴보면, 불신자들의 행태와 별로 다를 바가 없음에 심히 우려가 됩니다. 성경에 바탕을 둔 대응이 아니기 때문입니다. 우리를 대적하는 사람들이나 원수를 사랑하라는 예수님의 가르침과는 동떨어진 태도나 행동을 보이고 있습니다.

1970년대 중반에, 한창 관심거리로 대두된 '낙태'에 대해서 그리스도인들은 적극적으로 반대했습니다. 지극히 당연한 일이었습니다. 당시에 나는 그리스도인으로서 어떻게 대처하는 것이 좋은가를 토의하는 모임에 참석했는데, 한 기독교 지도자가 말하기를 그리스도인들은 낙태를 반대하는 사람들과 함께 '동맹'을 맺고 그것에 대항하여 연대 투쟁을 해야 한다고 했습니다. 동맹이란 말은 엄밀히 말하면 전쟁에서 공동의 적과 싸우기 위해 다른 나라와 결속한다는 뜻인데, 낙태라는 주제와 연관하여 이런 전투적 개념을 사용한 것입니다. 당시에는 모두가 그의 말에 전적으로 동의했습니다. 그러나 나중에 그 모임을 되돌아보면서 그가 사용한 말에 섬뜩함을 느꼈습니다. 뜻을 함께하여 행동한다는 점은 맞지만, 다분히 적개심이 들어 있는 이 말에는 예수님께서 가르치신 대로 원수를 사랑하고 핍박하는 자를 위해 기도

하라는 겸손의 의미가 전혀 들어 있지 않기 때문입니다.

앞서 여러 장에서도 다른 사람들의 부당한 대우에 대한 올바른 태도를 다루었지만, 이 여덟 번째 교훈은 그중에서도 절정이라고 할 수 있습니다. 세 번째 교훈에서 예수님께서는 우리를 부당하게 대하는 사람들을 향해 온유함을 나타내야 한다고 가르치셨습니다. 다섯 번째 교훈에서는 다른 사람들이 우리에게 어떤 죄를 범했든 그들을 용서하라고 말씀하셨습니다. 그리고 일곱 번째에서는 누구에게 잘못이 있든 간에 모든 사람과 화평하기 위해 힘쓰라고 교훈하셨습니다. 화평해야 할 대상이 믿는 사람일 수도 있고 아닐 수도 있습니다. 유감스럽게도 대개는 믿는 사람일 경우가 많습니다. 그런데 이 여덟 번째 교훈은 하나님께 대해 적대적인 요즘 세상의 핍박과 박해를 염두에 두고 말씀하셨습니다.

놀랍게도 이 여덟 번째 교훈에서 주님께서는 우리를 핍박하는 사람들에 대한 직접적인 대응에 관해서는 말씀하지 않으시고 단지 기뻐하고 즐거워하라고 하셨습니다. 그런 사람들에 대한 대응에 대해서는 성경의 다른 곳에서 말씀해 주셨습니다. "나는 너희에게 이르노니 너희 원수를 사랑하며 너희를 핍박하는 자를 위하여 기도하라"(마태복음 5:44). 또한 누가복음 6:27-28에도 나옵니다. "그러나 너희 듣는 자에게 내가 이르노니, 너희 원수를 사랑하며 너희를 미워하는 자를 선대하며, 너희를 저주하는 자를 위하여 축복하며 너희를 모욕하는 자를 위하여 기도하라." 예수님께서 하신 이 말씀은 그분의 권위 있는 '명령'임을 명심해야 합니다. 이 말씀은 우리를 핍박하는 자들을 향한 '태도'만을 말하진 않습니다. 원수를 '사랑하고', 그들을 '선대하며', 그들을 '축복하고', 그들을 위해 '기도해야' 합니다. 즉 '행동'을 요구합니다. 구체적으로 어떤 행동을 해야 할지는 상황마다 다르겠지만 예수님께서 하신 말씀에 권위를 두고 반드시 그 말씀에 따라 행해야 합니다. 또한 그들의 영혼이 영원한 삶을 천국에서 보낼지 지옥에서 보낼지는 우리가 어떻게 하느냐에 따라 달라질 수도 있음을 분명히 알고 행해야 합니다.

또 다른 중요한 질문이 하나 있습니다. 종교의 자유가 제한되고 신앙이 법의 보호를 받지 못하게 될 때는 어떻게 해야 합니까? 그럼에도 의를 위하여 핍박을 받게 된 우리를 복 받은 자라고 여길 수 있겠습니까? 핍박이 밀려올 때도 여전히 하나님께서 인간 세상의 모든 일에 절대주권을 가지고 통치하시는 분이라고 진정 믿을 수 있겠습니까? 느부갓네살왕이 모진 경험 끝에 배운 바를 우리도 믿을 수 있겠습니까?

> 땅의 모든 거민을 없는 것같이 여기시며, 하늘의 군사에게든지 땅의 거민에게든지 그는 자기 뜻대로 행하시나니, 누가 그의 손을 금하든지 혹시 이르기를 "네가 무엇을 하느냐" 할 자가 없도다. (다니엘 4:35)

현실은 정반대로 흘러가는 것처럼 보일지라도, 예수님께서는 교회를 지키시고 세우고 계신다는 사실과 "음부의 권세가 이기지 못하리라"(마태복음 16:18)라고 하신 말씀을 그대로 믿을 수 있겠습니까?

나는 위의 모든 말을 질문 형태로 말했습니다. 왜냐하면 그런 날이 올 때 나 자신이 말씀대로 대답하며 그대로 행동할지에 대해 장담할 수 없기 때문입니다. 그러나 그런 날이 다가오고 있으며, 우리는 하나님을 영화롭게 하는 행동을 나타낼 수 있도록 지금부터 철저히 준비해야 한다고 믿습니다.

핍박과 박해에 대한 그리스도인의 반응을 생각할 때, 위에 있는 권세들에 대해서도 어떤 태도를 가져야 할지 주의 깊게 생각해야 합니다. 이 주제에 대해 매우 적절한 성경 말씀은 베드로전서 2:13-17이라 생각합니다.

> 인간에 세운 모든 제도를 주를 위하여 순복하되, 혹은 위에 있는 왕이나 혹은 악행하는 자를 징벌하고 선행하는 자를 포장하기 위하여 그의 보낸 방백에게 하라. 곧 선행으로 어리석은 사람들의 무식한 말을 막으시는 것이라. 자유하나 그 자유로 악을 가리우는 데 쓰지 말고 오직 하나님의 종과 같이 하라. 뭇사람을 공경하며 형제를 사랑하며 하나님을 두려워하며 왕을 공경하라.

베드로가 이 말씀을 기록할 당시는 역사상 그리스도인을 너무도 심하게 핍박했던 네로 황제 시절이었습니다. '왕을 공경하라'는 말씀은 성령의 감동하심을 따라 하나님께 받아 기록한 것이므로 하나님의 명령입니다. 우리는 위에 있는 권세에 굴복해야 합니다(로마서 13:1-7 참조).

그 당시에는 황제나 관리들의 절대적인 통치 아래서 살았지만, 오늘날과 같이 대통령부터 지역단체장까지 선거를 통해 선출하는 사회에서는 '공경하라'는 말을 어떤 식으로 적용할지는 쉽지 않은 문제입니다.

그러나 가장 핵심적인 말은 '공경'이라고 생각합니다. 다른 말로 하면 '존경'이라고도 할 수 있습니다. 선거로 뽑힌 위정자가 아무리 자기 마음에 들지 않더라도 그들을 존경해야 합니다.

그러나 민주주의가 발전하고 갈수록 평등주의를 주창하는 사회가 되면서 '존경'이라는 개념은 점점 사라지고 있습니다. 내가 성인이 된 이후로 미국에서는 열두 명의 대통령이 통치를 했습니다. 그들의 정책과 행동 중에 동의할 수 없는 부분이 있기는 했지만, 나는 성경에서 그들을 공경하며 존경하라고 가르친다는 사실을 믿습니다. 하나님께서 선거 과정에 개입하셔서 절대주권적 섭리 가운데 그들에게 권세를 주셨다고 믿기 때문입니다. 다니엘은 다음과 같이 말했습니다. "그때에 지극히 높으신 자가

인간 나라를 다스리시며 자기의 뜻대로 그것을 누구에게든지 주시는 줄을 아시리이다"(다니엘 4:25). 그러므로 우리를 핍박하는 사람들에 대해, 그리고 우리를 통치하는 권세를 가진 사람들에 대해 우리는 성경 말씀을 따라 **행동하는 겸손**으로 응해야 합니다.

뿐만 아니라, 하나님에 대해 갈수록 적대적인 사회 속에서 우리도 성경을 따라 살기 위해 힘쓰고 있지만, 지구 다른 곳에서는 매일의 삶 속에서 핍박과 박해를 받으며 심지어 죽기까지 하는 그리스도인 형제 자매들이 있음을 기억해야 합니다. 비록 예수님께서 그들에게 복이 있다고 말씀하셨지만, 그들은 끊임없는 핍박과 박해로 인해 힘들고 고통스러운 삶을 살고 있습니다. 우리는 그들을 위해 지속적으로 기도하며, 하나님께서 은혜를 베풀어 주셔서 그들에게 견딜 수 있는 힘을 주시고, 핍박하는 자들에게서 안전하게 보호해 주시기를 구해야 합니다. 혹시나 그러한 기도가 큰 의미가 없다거나 심지어 헛된 수고가 아닐까 생각할지 모르나, 다음과 같은 말씀을 기억하고 힘써야 합니다. "의인의 간구는 역사하는 힘이 많으니라"(야고보서 5:16). 하나님께서는 여전히 보좌에서 다스리고 계십니다. 잠언 21:1 말씀을 기억합시다. "왕의 마음이 여호와의 손에 있음이 마치 보의 물과 같아서 그가 임의로 인도하시느니라."

동료 형제 자매들이 얼마나 많은 핍박과 고난을 겪고 있는지를 알게 되면, 우리 자신이 현재 겪고 있는 고난의 의미도 더욱 깊이 깨닫게 됩니다.

이번 장을 기록하면서 영국의 유명한 찬송가 작시자인 아이작 와츠(1674-1748)의 찬송가 가사가 마음속에 자주 울렸습니다. '십자가 군병 되어서'라는 찬송가의 한 소절을 소개하는데, 내게 도전이 되었듯이 여러분에게도 큰 도전이 되기를 바랍니다.

> 뭇 성도 피를 흘리며
> 큰 싸움 하는데
> 나 어찌 편히 누워서
> 상 받기 바랄까?

자유로운 사회에 살고 있는 우리는 하나님의 섭리 가운데 대부분 '편히 누워' 있는 편입니다. 반면에 지구의 반대편에서는 '피를 흘리며 큰 싸움'을 하는 우리 형제 자매들도 있습니다. 우리는 애통한 마음으로 그들을 위해 지속적으로 기도해야 합니다. 이는 **행동하는 겸손**의 또 다른 모습입니다.

묵상을 위한 질문

1. 예수 그리스도를 믿는다는 이유로 핍박을 받아 본 적이 있습니까?

2. 오늘날 세상이 단순히 불경건한 정도가 아니라 하나님을 대적하는 상태라고 보는 견해에 동의합니까? 왜 그렇습니까? 만약 동의하지 못한다면 왜 그렇게 생각합니까?

3. 정치적 혹은 입법적 행동이 성경적인 도덕 기준에 상반될 때, 그리스도인으로서 마태복음 5:44에 나오는 예수님의 명령을 따르려면 어떻게 해야 합니까?

4. 베드로전서 2:13-17과 로마서 13:1-7에서 우리는 무엇을 배우고 적용할 수 있습니까? 특히 '존경할 자를 존경하라'는 성경의 명령에 대해서는 어떻게 해야 합니까? 오늘날 그리스도인들이 이 말씀대로 살고 있다고 생각합니까? 어떤 점에서 그렇습니까? 만약 그렇지 않다면 왜 그렇습니까?

5. 핍박받는 것을 복으로 여기는 삶이 어떻게 **행동하는 겸손**을 구체적으로 보여 주는 모습이 됩니까?

제10장

겸손과 복음

> 예수께서 대답하여 가라사대 "건강한 자에게는
> 의원이 쓸데없고 병든 자에게라야 쓸데 있나니
> 내가 의인을 부르러 온 것이 아니요
> 죄인을 불러 회개시키러 왔노라."
> 누가복음 5:31-32

사도 바울은 주후 54년 무렵에 고린도전서를 기록했는데, 고린도전서 15:9에서 자신을 '사도 중에 지극히 작은 자'라고 했습니다. 주후 62년경에는 에베소서를 기록했는데, 자신을 '모든 성도 중에 지극히 작은 자보다 더 작은 나'라고 했습니다(에베소서 3:8). 그리고 주후 63년 혹은 64년에 디모데전서를 기록할 때는 '죄인 중에 내가 괴수니라'라고 표현했습니다(디모데전서 1:15).

10년의 세월이 흐르는 동안, 사도 바울은 사도 중에 지극히 작은 자에서 모든 성도 중에 지극히 작은 자보다 더 작은 자로, 그다음엔 죄인 중에 괴수가 되었습니다. 사도 바울의 고백을 표면상으로만 보면 세월이 갈수록 그의 영적 삶이 퇴보하고 있는 것처럼 보입니다. 그러나 실상은 퇴보가 아니라 진보하고 있었습니다. 그는 그리스도인의 성품에 있어서 가장 기초가 되는 두 가지 중의 하나인 '겸손'에서 성장하고 있었습니다(다른 한 가지는 '사랑'입니다).

만약 앞에서 다루었던 산상수훈의 여덟 가지 덕목에 비추어 자신을 정직하게 평가해 보았다면, 아마 자신이 생각보다 훨씬 심각한 죄인임을 깨달았을 터입니다. 어쩌면 사도 바울처럼 자신이야말로 죄인 중에 괴수라고 말하고 싶을지도 모르겠습니다. 만약 그런 마음이 있다면 정말 다행입니다. 이는 겸손에서 성장하고 있다는 증거이기 때문입니다. 그렇다면 우리를 주눅 들게 하는 죄가 여전히 우리 속에 자리 잡고 있음을 깨달아 갈 때 좌절하거나 포기하지 않도록 우리를 지속적으로 지켜 주는 것은 무엇입니까? 그것은 바로 복음입니다.

우리 죄가 아무리 많고 아무리 추악해도 십자가 위에서 돌아가신 그리스도의 보혈로 말미암아 모두 용서받았다는 기쁜 소식이 복음 안에 있기 때문입니다. 또한 용서받았을 뿐만 아니라 나아가 하나님 앞에 의롭다고까지 인정을 받았습니다.

많은 그리스도인들이 복음을 단지 불신자에게만 해당되는 정도로 생각합니다. 즉 복음이란 불신자가 구원을 받기 위해 통과

해야 하는 출입문 정도로 생각합니다. 그러나 실상은 그렇지 않습니다. 복음은 우리가 주님 앞에 설 때까지, 남은 생애 동안 걸어가야 할 길과 같습니다. 다른 말로 표현하자면, 그리스도인은 평생토록 날마다 자신에게 복음을 전하며 살아가는 사람입니다. 왜 그렇습니까? 우리는 여전히 날마다 죄를 범하는 죄인이기 때문입니다. 복음에 대해 날마다 확신하지 못하면, 적어도 확신하지 못하는 그날만큼은, 하나님의 은혜를 받지 못한다고 생각하기 때문입니다.

그런데 진정 그리스도를 닮고자 힘쓰고 있는 사람 중에는 마치 하나님께서 '골대'를 계속 멀리 이동시키시는 것 같다고 말하는 이들이 있습니다. 이는 성장하면 할수록 목표 지점이 더 멀어져 있다고 느껴져, 더욱 박차를 가할 필요를 느낀다는 말입니다.

그러나 사실 하나님께서는 목표점을 이동시키지 않으십니다. 목표점을 움직이지 않게 세워 놓으셨지만 우리 가운데 어느 누구도 그곳에 다다를 수가 없기 때문입니다. 그 목표는 갈라디아서 3:10에 명시되어 있습니다.

> 무릇 율법 행위에 속한 자들은 저주 아래 있나니 기록된 바 "누구든지 율법 책에 기록된 대로 온갖 일을 항상 행하지 아니하는 자는 저주 아래 있는 자라" 하였음이라.

"온갖 일을 항상"이라는 말을 주목해 보십시오. 이는 '예외 없이'라는 절대적 의미를 담고 있습니다. 그리고 "율법 책에 기록된 대로"라고 했습니다. 구약 성경에만 약 600여 가지 계명이 기록되어 있다고 합니다. 그런데 예수님께서는 이를 단 두 가지로 요약하셨습니다.

> 예수께서 가라사대 "네 마음을 다하고 목숨을 다하고 뜻을 다하여 주 너의 하나님을 사랑하라" 하셨으니 이것이 크고 첫째 되는 계명이요, 둘째는 그와 같으니 "네 이웃을 네 몸과 같이 사랑하라" 하셨으니, 이 두 계명이 온 율법과 선지자의 강령이니라. (마태복음 22:37-40)

예수님께서는 600여 개의 계명을 두 가지로 요약하셨는데, 하나님을 최고로 사랑하며, 이웃을 자기 몸과 같이 사랑하라는 것입니다. 이것이 진실로 하나님께서 정하신 움직일 수 없는 목표점입니다. 그리고 우리 중 어느 누구도 그 목표점에 가까이라도 도달한 사람은 없습니다. 우리가 정말 최고로 잘 살았다고 생각하는 날조차도 목표점과는 아득히 멉니다.

이는 참으로 슬픈 소식입니다. 너무나 절망적입니다. 그런데 놀랍고 기쁜 소식이 전해졌습니다! 오직 한 분이, 곧 우리 주 예수 그리스도께서 그 목표점에 도달하셨다는 사실입니다.

예수님께서는 이 땅에 계신 약 33년 동안 완벽하게 의로운 삶을 사셨습니다. 한 번도 죄를 범하지 않으셨습니다. 고린도후서 5:21에서는 "죄를 알지도 못하신 자"라고 했고, 히브리서 4:15에서는 "모든 일에 우리와 한결같이 시험을 받은 자로되 죄는 없으시니라"라고 했습니다. 베드로전서 2:22에서는 "저는 죄를 범치 아니하시고"라고 했고, 요한일서 3:5에서는 "그에게는 죄가 없느니라"라고 했습니다. 예수님께서는 요한복음 8:29에서 "내가 항상 그의 기뻐하시는 일을 행하므로"라고 말씀하셨습니다. 이와 같이 성경은 그리스도께서 죄가 없으심을 한결같이 증거하고 있습니다.

그렇습니다. 예수님께서는 '완벽한 의'라는 목표점에 도달하셨습니다. 사실 예수님께서 그곳에 '도달하셨다'라고 말하는 데는 약간 오해의 여지가 있을 수 있습니다. 왜냐하면 예수님께서는 원래부터 항상 그곳에 계셨기 때문입니다. 예수님께서는 탄생하신 순간부터 십자가에서 목숨을 버리신 순간까지 완벽하게 의로운 삶을 사셨습니다. 이 모두가 하나님 앞에서 우리를 대표하여 우리 대신 그렇게 사신 것입니다. 또한 완벽하게 의로운 삶을 사셨을 뿐만 아니라 우리 죄의 형벌에 대한 하나님의 공의를 만족시키기 위해 십자가에서 또다시 우리를 대신하여 대속 제물이 되셨습니다.

이 책의 제1장 제목은 '명령과 약속'인데 사실 '명령과 형벌'

이라고 해도 무방합니다. 이 세상에서도 모든 법에는 그에 따르는 형벌이 있습니다. 만약 형벌이 없다면 강제성이 없어 법이 제대로 지켜지지 않게 됩니다. 하나님의 법에서 그 형벌은 사망입니다. 육신의 사망뿐만 아니라 영원한 영적 사망입니다(로마서 6:23). 예수님께서는 하나님의 법에 완벽하게 순종하셨을 뿐만 아니라, 우리가 하나님의 법에 온전히 순종하지 못함으로 받아야 할 형벌을 대신 받으셨습니다. 예수님의 삶과 죽음의 의미를 매우 잘 요약한 다음의 말을 거듭 되새겨 봅니다. '예수님께서는 우리가 도저히 살 수 없는 완벽한 수준의 삶을 사셨고, 죄로 인해 마땅히 죽어야 할 우리를 대신하여 죽음의 형벌을 받으셨다.'

이것이 바로 복음이며 영원히 감사할 '기쁜 소식'입니다! 이는 우리 모두가 반드시 통과해야 할 문입니다. 십자가에서 자신의 온몸으로 우리 죄를 대신 짊어지시고 부활하신 예수 그리스도를 우리가 믿고 의지함으로써 이 문을 들어가게 됩니다. 또한 복음은 앞에서도 말한 바와 같이 우리가 이 세상을 떠나는 순간까지 계속 걸어가야 할 길입니다. 그 길을 걸으면서 우리는 예수님께서 나를 대신하여 죽으셨을 뿐만 아니라 나를 위하여 완벽하게 의로운 삶을 사셨다는 진리를 배우게 됩니다. 이러한 예수님과의 연합된 축복을 깨달을 때에야 비로소 복음이 우리에게 참으로 기쁜 소식이 됩니다.

그렇다면 이 복음의 기쁜 소식이 일상생활에서 겸손을 실천하는 데 어떤 도움을 줄 수 있습니까? 첫째로, 복음의 기쁜 소식으로 말미암아 우리는 자신의 죄에 대해 정직하게 내려놓을 수 있는 자유함을 얻게 됩니다. 왜냐하면 이미 모든 죄를 용서받았음을 알기 때문입니다. 심지어 내게 있는 어떤 죄가 하나님께서 보시기에는 물론이고 자신이 보기에도 부끄럽고 파렴치하더라도 우리는 있는 그대로 죄를 시인할 수 있고 또한 하나님의 무한한 용서하심을 인하여 주님께 감사할 수 있습니다.

나의 경우에 이를 적용하는 방식은 다음과 같습니다. 어떤 죄를 깨닫게 되면 아무 변명도 하지 않고 있는 그대로 인정합니다. 그리고 나서 이사야 53:6 말씀으로 나아갑니다. "우리는 다 양 같아서 그릇 행하여 각기 제 길로 갔거늘." 6절 전체를 다 인용하지 않고 여기서 멈추고는 이렇게 기도합니다. "하나님, 제가 바로 이런 죄인입니다. 저는 고집부리며 제 길로 가버렸습니다." 이어서 "그런데 하나님, 하나님께서는 저의 모든 죄악을 아들이신 예수님께 담당시키셨습니다. 제가 지금 자백하고 있는 이 추악한 죄까지도 말입니다"라고 말씀드립니다. 매일 살아가면서 죄를 깨달을 때마다 나는 이런 식으로 기도합니다.

겸손한 삶을 살아갈 수 있도록 복음이 도와주는 두 번째 방식은, 다른 사람의 죄를 우리 자신의 죄에 비추어 볼 수 있게 해 주는 것입니다. 이와 관련한 청교도들의 말을 풀어서 인용하면 다음과 같습니다. '교만한 사람 혹은 자기 의가 강한 사람은 다른 사람의 죄를 지적하고 판단하는 데 너무나 바빠서 자기 속에 있는 죄악을 볼 시간이 없다. 반면에 겸손한 사람은 자기 자신의 죄악을 다루는 일에 너무 바빠서 다른 사람의 죄를 판단할 시간이 없다.'

때로 누군가로부터 다른 사람의 죄에 대하여 들으면 으레 이렇게 말하곤 합니다. "하나님의 은혜가 아니었다면 나도 그랬을 겁니다." 대개의 경우 별 생각 없이 그런 말을 합니다. 그런데 어떤 경우에는 이런 말 속에 '나라면 결코 그런 죄를 범하지 않았을 거야'라는 의미가 숨어 있거나, 그 말을 해 준 그 사람을 미묘하게 깎아내리는 의미가 담겨 있기도 합니다. 하나님의 은혜를 인정하며 진정한 겸손을 표현하는 말이 아니라 은연중에 자신의 의를 내비치는 교만함이 숨어 있는 말이 될 수 있습니다. 이는 거듭나기는 했지만 여전히 죄악 가운데 있는 우리 마음이 스스로 속기 쉬운 예입니다. 그러나 진심으로 이 말의 의미대로 생각하고 말한다면, 이는 겸손함을 도와주는 훌륭한 표현임이 틀림없습니다.

겸손하게 살도록 복음이 도와주는 세 번째 방식은 제4장과 제6장에서 다룬 바 있는 온유함과 긍휼함을 따라 살도록 해 주는 것입니다. 우리는 우리 '자신의 죄'를 인정하고 해결하려는 마음으로 복음을 바라볼 때라야 비로소 복음의 참가치를 알고 감사하게 됩니다. 그리고 그렇게 할 때 다른 사람의 죄를 용서할 수 있습니다. 우리도 똑같이 용서받았기 때문입니다.

네 번째로 복음은 일상생활에서 청결한 마음으로 살도록 동기를 줍니다. 이는 우리 인생의 최고 목표가 더 이상 자신을 위해 사는 것이 아니라 우리를 대신하여 모든 죗값을 지불하시고 우리를 자신의 소유로 삼으신 분을 위해 살도록 이끌어 줍니다. 제7장에서 사도 바울은 그리스도의 사랑이 자신을 강권함으로 더 이상 자기 자신을 위하여 살지 않고 자신을 대신하여 죽었다가 다시 사신 자를 위하여 산다고 했습니다. 제7장에서도 얘기했듯이 나는 '못 박혀 죽으신'이라는 찬송가의 가사로 자주 기도합니다.

    죄 속함 받고서
    이 몸과 맘 드려
    간절히 빌 때에 들으소서!

'죄 속함 받고서'라는 가사는 복음을 뜻하며, '이 몸과 맘 드려'라는 가사는 곧 청결한 마음을 의미합니다. 그런데 이렇게 기도하려면 다시 복음으로 말미암아 동기력을 공급받아야 합니다.

수준의 차이는 있을지언정 어떤 식으로든 복음의 진리를 날마다 깨닫고 감사하지 못한다면, 진정한 겸손 가운데 살아가는 게 불가능하다고 할 수 있습니다. '그렇다면 어떻게 이런 삶을 살 수 있는가?'라는 질문이 자연스럽게 떠오릅니다. 이러한 삶은 복음에 관한 핵심 구절들을 지속적으로 묵상하고 그 말씀으로 기도할 때 계발됩니다. 어떤 구절을 묵상하고 기도할지는 오로지 자신의 선택에 달려 있습니다. 자신의 마음에 깊이 와닿는 구절이면 좋습니다. 그러나 일단 시작할 수 있도록 돕기 위해 몇 구절을 소개합니다. 다음은 복음을 깊이 묵상하기 위해 내가 선택한 구절입니다.

고린도후서 5:21은 내가 매우 좋아하는 말씀입니다. "하나님이 죄를 알지도 못하신 자로 우리를 대신하여 죄를 삼으신 것은 우리로 하여금 저의 안에서 하나님의 의가 되게 하려 하심이니라." 여기서 사도 바울이 말하는 바를 온전히 이해하기 위해서는 약간의 설명이 필요합니다. 하나님께서 우리를 대신하여 그리스도로 '죄를 삼으신' 것은 예수님을 죄인으로 만드셨다는 뜻이 아니라 우리의 죄를 대신 '떠맡도록' 하셨다는 의미입니다. 하나님 아버지께서는 '모든' 사람의 '모든' 죄 – 고의적인 죄, 고의적이 아닌 죄, 죄 된 생각이나 말이나 행동, 죄 된 동기, 그리고 아직 깨닫지도 못하는 죄까지 – 를 사랑하는 아들 예수 그리스도께 모두 떠맡기셨습니다. 그리고 예수님께서는 십자가의 죽음을 통해 우리 죄의 빚을 모두 갚으셨습니다.

이사야 53:6 말씀을 보면 '죄를 삼으셨다'는 말씀을 더욱 명확히 이해할 수 있습니다.

우리는 다 양 같아서 그릇 행하여 각기 제 길로 갔거늘, 여호와께서는 우리 무리의 죄악을 그에게 담당시키셨도다.

"우리 무리의 죄악을 그에게 담당시키셨도다"라는 말씀이 바로 하나님께서 그리스도로 우리를 대신하여 '죄를 삼으셨다'는 뜻입니다.

더 깊은 묵상을 위하여 앞 구절인 이사야 53:5 말씀을 암송하면 도움이 됩니다.

그가 찔림은 우리의 허물을 인함이요, 그가 상함은 우리의 죄악을 인함이라. 그가 징계를 받음으로 우리가 평화를 누리고, 그가 채찍에 맞음으로 우리가 나음을 입었도다.

이 말씀은 6절의 의미를 좀 더 구체적으로 설명해 주고 있습니다. 5절에서 '우리' 자리에 자기 이름을 넣어 읽어 보면 말씀의 의미를 더욱 개인적으로 깨달을 수 있습니다.

그가 찔림은 ○○○의 허물을 인함이요, 그가 상함은 ○○○의 죄악을 인함이라. 그가 징계를 받음으로 ○○○가 평화를 누리고, 그가 채찍에 맞음으로 ○○○가 나음을 입었도다.

겸손과 복음

이런 식으로 말씀을 묵상하면 복음의 능력과 은혜를 깊이 경험할 수 있습니다. 이미 잘 알려진 표현이지만 다음과 같이 말할 수 있습니다. "나는 날마다 나에게 복음을 전합니다."

고린도후서 5:21의 후반부도 약간의 설명이 필요합니다. "우리로 하여금 저의 안에서 하나님의 의가 되게 하려 하심이니라"라는 말씀은 분명 우리가 하나님처럼 의로운 수준으로 산다는 의미는 아닙니다. 이 말씀을 올바로 이해하는 데 있어서 핵심이 되는 말은 '저의 안에서'입니다. 이는 우리가 그리스도와 하나로 연합되었다는 뜻입니다. 하나님께서는 예수 그리스도를 믿는 모든 사람을 위하여 예수님을 대표로 삼고 하나님 앞에 세우셨습니다. 그러므로 예수님께서 죄 없는 삶을 사시고 죄의 형벌을 지고 죽음을 당하신 모든 일이 사실은 우리를 대표하여 우리 대신에 행하신 것입니다. 그러므로 "저의 안에서 하나님의 의가 되게 하려 하심이니라"라는 말씀은, 33년 동안 완벽하게 의로운 삶을 사신 예수님의 의를 우리의 것으로 여겨주시기에 우리가 하나님께 의로운 존재로 여김을 받게 되었다는 뜻입니다.

빌립보서 3:9 말씀을 묵상하면 이 말씀을 좀 더 잘 이해하고 적용할 수 있습니다.

그 안에서 발견되려 함이니, 내가 가진 의는 율법에서 난 것이 아니요, 오직 그리스도를 믿음으로 말미암은 것이니 곧 믿음으로 하나님께로서 난 의라.

이 구절 앞에는 바울의 개인적인 간증이 나옵니다. 율법을 철저히 지킴으로써 의를 얻으려고 했던 과거의 자기 자신감을 철저히 버리고 오직 그리스도의 의만을 의지하는 삶으로 변화되었음을 고백하고 있습니다. '하나님께로서 난 의'라고 한 점을 주목하십시오. 바울은 여기서도 '그 안에서'라는 표현을 사용하여, '하나님께로서 난 의'는 그리스도와의 연합으로 말미암은 것임을 명확히 했습니다. 다시 말하면 하나님께서는 '그리스도의 의'를 '바울의 의'로 여겨 주셨다는 말입니다.

고린도후서 5:21, 이사야 53:5-6, 빌립보서 3:9 말씀은 날마다 나에게 복음의 은혜를 누리도록 도와주는 중심 구절입니다. 때때로 다음 구절들을 묵상하기도 합니다.

시편 103:12 "동이 서에서 먼 것같이 우리 죄과를 우리에게서 멀리 옮기셨으며"에서 '동이 서에서 먼 것같이'라는 표현은 그 거리가 무한대라는 뜻입니다. 북쪽과 남쪽은 각각 북극과 남극에 가면 만날 수 있지만, 동쪽과 서쪽은 결코 만날 수 없습니다. 가령 당신이 어디에 있든 북쪽으로 날기 시작하면 결국에는 북극에 도달하게 되며, 북극을 지나면 곧바로 남쪽으로 향하게 됩니다. 그러나 당신이 서쪽 방향으로 날기 시작하면 언제나 서쪽으로만 날아가게 됩니다. 서쪽으로 계속 가도 동쪽에는 결코 다다르지 못합니다. 그러므로 '동이 서에서 먼 것같이' 우리 죄과를 멀리 옮기셨다는 말은 우리의 죄를 완전히 없애 주셨다는 말입니다. 하나님께서는 마음에서 그 죄를 다 지워 버리셨으며, 다시 기억하지도 아니하십니다(히브리서 8:12, 10:17 참조).

"너희 죄가 주홍 같을지라도 눈과 같이 희어질 것이요 진홍같이 붉을지라도 양털같이 되리라"(이사야 1:18). 이 말씀은 내가 어떤 죄를 깨닫게 될 때 자주 의지하는 구절입니다. 이 말씀에서 하나님께서는 우리 죄가 아무리 심각하더라도 완벽하게 지워 주신다고 말씀하십니다. 하나님께서는 예수 그리스도의 죽음으로 말미암아 이 말씀을 이루셨습니다.

"나 곧 나는 나를 위하여 네 허물을 도말하는 자니 네 죄를 기억지 아니하리라"(이사야 43:25). 도말한다는 말은 하나님의 책에서 완전히 지워 버리신다는 뜻입니다. 어떤 의미에서는 법적인 거래가 종결되었으므로 더 이상 거론하지 않는다는 말입니다.

"다시 우리를 긍휼히 여기셔서 우리의 죄악을 발로 밟으시고 우리의 모든 죄를 깊은 바다에 던지시리이다"(미가 7:19). 나는 깊은 바다에 던진다는 말이 무슨 의미인지를 몸으로 경험했기에 이 구절을 무척 좋아합니다. 해군 장교 시절 나는 수심이 깊은 바다를 항해하면서 보트 사고로 그만 장비 하나를 잃어버린 적이 있습니다. 장비를 회수하려고 모든 갈고리를 동원하여 하루 종일 바다 밑바닥을 훑고 다녔지만 결국 헛수고였습니다. 그 장비는 영원히 잃어버렸습니다. 다시는 찾을 수 없습니다. 하나님께서 우리 죄를 어떻게 처리하셨는지를 생생하게 보여 주는 말씀입니다.

"그 불법을 사하심을 받고 그 죄를 가리우심을 받는 자는 복이 있고, 주께서 그 죄를 인정치 아니하실 사람은 복이 있도다 함과 같으니라"(로마서 4:7-8). 나는 주님께서 우리의 죄를 인정치 아니하신다는 8절 말씀을 특히 좋아합니다. 이미 우리 죄를 예수님께서 모두 짊어지시고 죗값을 완전히 지불하셨기 때문에 더 이상 우리의 죄를 묻지 않으십니다. 하나님의 용서하심을 묵상할 때, 하나님께서는 우리 죄의 삯을 그냥 지워 버리신 게 아님을 알아야 합니다. 다시 말하면 거대한 양탄자 밑에 그냥 쓸어 넣고 덮으신 것이 아닙니다. 죄의 삯은 반드시 치러야 하며 하나님의 공의는 온전히 세워져야만 합니다. 복음이 기쁜 소식인 이유는 예수님께서 그 죄의 빚을 완전히 갚으셨다는 사실 때문입니다. 예수님께서는 하나님의 공의를 완전히 만족시키셨습니다. 이것이 바로 하나님께서 우리 죄에 대해 더 이상 묻지 아니하시는 유일한 근거입니다.

> 그러므로 이제 그리스도 예수 안에 있는 자에게는 결코 정죄함이 없나니. (로마서 8:1)

마음에 죄책감이 생길 때 이 구절은 정말 큰 도움이 됩니다. 죄를 지었음을 알았을 때 우리는 죄책감을 느낍니다. 물론 하나님께서는 우리가 지은 죄를 잘 알고 계시지만 결코 정죄하시지 않습니다. 왜냐하면 우리 죄가 이미 그리스도를 통해 다 해결되었기 때문입니다.

"하나님의 의를 모르고 자기 의를 세우려고 힘써 하나님의 의를 복종치 아니하였느니라. 그리스도는 모든 믿는 자에게 의를 이루기 위하여 율법의 마침이 되시니라"(로마서 10:3-4). 이는 빌립보서 3:9 "내가 가진 의는 율법에서 난 것이 아니요 오직 그리스도를 믿음으로 말미암은 것이니 곧 믿음으로 하나님께로서 난 의라"라는 말씀과 훌륭하게 보조를 이루는 구절입니다. 그리스도께서 모든 믿는 자에게 의를 이루기 위해 율법의 마침이 되셨음을 주목하십시오. 우리를 대표하여 율법의 요구를 다 이루셨기 때문에 우리에게는 율법의 마침이 되셨습니다. 그렇기 때문에 이제 우리는 의로운 자로서 하나님 앞에 당당히 설 수 있게 되었습니다. 물론 그리스도께서는 율법을 폐하러 오신 것이 아닙니다. 특히 하나님의 도덕적 의지와 연관된 율법의 명령들은 여전히 의미가 있습니다. 그 명령들에 순종함으로써 하나님을 기쁘시게 하고 하나님을 영광스럽게 하기 때문입니다.

　지금까지 소개한 구절들이 내가 날마다 나에게 복음을 전하기 위해 묵상하는 말씀입니다. 주로 고린도후서 5:21과 이사야 53:6, 그리고 빌립보서 3:9을 묵상하지만, 특별한 이유나 필요가 있는 날에는 다른 한두 말씀을 더하여 묵상합니다.

　날마다 자신에게 복음을 전하는 일과 연관하여 마지막으로 한 가지 말씀드릴 게 있습니다. 이 장을 시작할 때 인용한 누가복음 5:31-32에서 예수님께서는 "건강한 자에게는 의원이 쓸데없고 병든 자에게라야 쓸데 있나니, 내가 의인을 부르러 온 것이 아니요 죄인을 불러 회개시키러 왔노라" 하고 말씀하셨습니다. 복음은 오직 죄인에게만 쓸데 있습니다. 그러므로 복음으로 나아갈 때 우리는 자신이 여전히 죄를 범하는 죄인임을 인정하고 그 죄를 회개하는 마음으로 나아가야 합니다. 지은 죄가 내가 보기에 아무리 '사소한' 죄라 할지라도, 모든 죄는 거룩하신 하나님께서 보시기에는 악한 것입니다. 그러므로 성전에 올라간 세리가 가슴을 치며 "하나님이여, 불쌍히 여기옵소서. 나는 죄인이로소이다"라고 기도했듯이, 우리도 그와 같은 겸손한 마음으로 하나님 앞에 나아가야 합니다.

　지금까지 살펴본 산상수훈의 팔복을 돌아볼 때, 진정으로 겸손한 사람은 다음과 같은 모습임을 알게 됩니다.

- 심령이 가난하고,
- 자신의 죄를 애통하고,
- 하나님과 다른 사람에 대해 온유하고,
- 의에 주리고 목마르고,
- 다른 사람을 긍휼히 여기고,
- 마음이 청결하고,
- 화평케 하는 자가 되고,
- 의를 위하여 모욕과 핍박을 받을 때 이를 복으로 여깁니다.

이는 우리 중 어느 누구도 완벽하게 갖출 수 없는 엄청난 목록입니다. 그렇기 때문에 우리에게는 날마다 복음이 필요합니다. 복음이 있기에 우리는 번번이 겸손한 삶에서 실패함에도 불구하고 낙심하거나 좌절하지 않고 계속 겸손을 추구하는 삶을 살아갈 힘과 용기를 얻습니다.

또한 매일의 일상생활에서 다양한 모습으로 나타나는 겸손을 추구하기 위해 날마다 성령의 역사와 능력을 의지하여 순종해야 합니다. 이처럼 성령을 의뢰하는 동시에 우리의 책임을 다하는 것이 영적 성장에 주요한 원리입니다. 예를 들면, 하나님께서 성경 말씀을 통해 "모든 겸손과 온유로 하고"라고 말씀하셨을 때, 반드시 이에 순종하고 실천해야 합니다. 그러면서 동시에 우리에게 능력을 주시는 성령을 의뢰해야 합니다. 나아가 우리 심령에까지 진정한 변화가 있도록 성령을 깊이 의뢰해야 합니다.

왜냐하면 "오직 자라나게 하시는" 분은 하나님뿐이시기 때문입니다(고린도전서 3:7).

이러한 원리는 성경 여러 곳에 다양한 방식으로 나타나 있는데, 그중에서 히브리서 13:21에 간결하게 잘 기록되어 있습니다. "모든 선한 일에 너희를 온전케 하사 자기 뜻을 행하게 하시고, 그 앞에 즐거운 것을 예수 그리스도로 말미암아 우리 속에 이루시기를 원하노라." 예를 들어 겸손으로 행하는 것은 '우리'이지만 이는 오직 온전케 하시는 주님의 능력을 힘입을 때라야 가능합니다. 또한 '그 앞에 즐거운 것을 예수 그리스도로 말미암아 우리 속에 이루신다'라고 했는데, 이는 우리 안에 내주하시는 성령께서 우리로 더욱더 예수 그리스도를 닮아 가도록 변화시키신다는 뜻입니다. 영적 성장에는 이처럼 성령의 경이로운 역사하심이 반드시 필요하게 마련입니다.

영적으로 성장하면 할수록 우리는 복음에 나타난 그리스도의 의를 더욱 의지해야 함과 또한 성령의 역사하심을 더욱 의뢰해야 함을 깨닫게 됩니다. 이는 겸손의 또 다른 모습입니다. 우리 모두가 그리스도 안에 있는 의를 굳게 붙잡고 성령의 능력을 힘껏 의지함으로 팔복에 나타난 여덟 가지 겸손의 덕목에서 날마다 더욱 자라 가기를 기도합니다.

묵상을 위한 질문

1. 팔복에 나타난 각 성품에 비추어 자신을 정직하게 평가해 보십시오. 자신이 생각보다 훨씬 심각한 죄인임을 깨닫게 됩니까? 왜 그렇습니까? 만약 아니라면 왜 그렇습니까?

2. 팔복의 교훈을 삶에 적용하여 **행동하는 겸손**을 계발하고자 할 때, 실망에 젖거나 포기하지 않도록 지켜 줄 수 있는 복음의 능력에 대해 구체적으로 몇 가지 적어 보십시오.

3. 날마다 자신에게 복음을 전해야 하는 가장 간단한 이유는 무엇입니까?

4. 복음의 기쁜 소식은 매일의 일상생활에서 겸손하게 살도록 도와줍니다. 그 네 가지 방법을 적어 보십시오.

5. 복음에 관하여 묵상하고 기도하는 습관을 일생 동안 계발하고자 할 때, 자신이 활용할 수 있는 핵심 성경 구절로 어떤 것이 있습니까?

부록:
하나님의 놀라우신 은혜의 손길

편집자 주:
2014년에 제리 브릿지즈는 자신의 생을 돌아보며 하나님의 놀라우신 은혜의 손길을 담은 회고록을 출간했습니다. 그 책에는 '성경은 매일의 일상생활에 적용하라고 기록된 것이다'라는 원리와 이 책에 나오는 **행동하는 겸손**의 개념이 실려 있습니다. 여기에 그 책에서 발췌한 부분을 소개합니다. 저자의 삶에서 하나님의 절대주권적 섭리가 어떻게 역사하셨는지를 들여다볼 수 있는 좋은 기회가 되리라 생각합니다. 또한 그리스도인의 삶의 특징이라고 할 수 있는 **행동하는 겸손**을 여러분의 삶의 이야기에 어떻게 반영할 수 있는지 생각해 보도록 도와줄 것입니다.

캘리포니아주 오클랜드대로의 500블록은 철길과 10미터 정도 떨어져 나란히 길게 뻗어 있었습니다. 철길과 도로 사이에 있는 빈 땅은 철도 회사 소유지였으며 대부분 비어 있었습니다. 유일한 예외가 있었다면 빈 땅에 철도 침목을 보관할 때였습니다.

도로 건너편 500블록의 중간쯤인 사우스오클랜드 521번지에 작은 주택 한 채가 있었습니다. 그 집의 기원은 모르지만, 아마도 블록 너머에 있는 대저택의 하인이 사용했던 숙소로 보입니다. 원래 어떻게 사용되었는지는 모르지만 매우 소박한 집이었습니다. 옷장이 없어 옷은 벽에 걸어 두었고 부엌에 찬장도 없었습니다. 집안으로 수도가 들어오기는 했지만 더운물은 나오지 않았습니다. 빨래나 설거지를 하거나 목욕을 하려면 부엌에서 물을 데워 수도꼭지에서 나오는 찬물과 섞어야 했습니다. 나는 그 집에서 1929년 12월 4일에 둘째로 태어났습니다. 부모님은 내 이름을 제럴드 딘이라고 지으셨지만 대개는 제리라고 부르셨고, 평생 이 이름으로 불렸습니다. 물론 법적이거나 재정적인 서류에서는 정식 이름을 사용했습니다.

아버지는 에머트 브릿지즈, 어머니는 릴리안 브릿지즈인데 두 분 모두 텍사스 동부의 목화 농장에서 자랐고, 학교를 8학년까지 다니다 그만두고 농장에서 일하기 시작했습니다. 두 분은 1924년에 결혼했고, 아버지는 땅을 빌려 목화를 재배하기 시작했습니다. 1926년 6월 4일에 첫째가 태어났고 윌리엄 잭슨이라고 이름을 지었는데, 우리는 잭이라고 불렀습니다. 잭이 태어난 이후 아버지는 빌린 땅에 목화 재배하는 정도로는 제대로 성공할 수 없다고 생각했습니다. 그래서 얼마 안 되는 가산을 정리하고 텍사스주의 타일러로 이사했습니다. 타일러는 인구 2만 명의 조그만 도시였습니다. 아버지는 경영대학에 가서 회계학을 공부하려고 했으나 다른 길로 접어들었습니다.

아버지는 한 회사에 들어갔는데, 그 회사는 농장에 필요한 물건을 공급하는 동시에 목화 중개를 하는 곳이었습니다. 그 회사 소유주들은 아버지를 설득하여 목화에 등급 매기는 일을 공부하게 해서 목화 구매하는 일을 맡겼습니다. 그런데 문제는 목화 구매는 사시사철 이루어지는 게 아니므로 아버지는 나머지 시간에는 농장에 필요한 물건을 공급하는 상점에서 점원으로 일했습니다. 인간적인 시야에서 보면 이는 좋은 결정이 아니었습니다. 비록 아버지는 학교를 8학년까지만 다녔지만 매우 똑똑했고, 특히 수학에 뛰어났습니다. 내가 생각하기에 아버지는 아마도 틀림없이 뛰어난 회계사가 될 수 있었습니다. 그러나 지금에 와서 볼 때, 하나님께서는 겉으로 보기에 현명하지 않은 그 결정에 대해서도 절대주권적인 섭리 가운데 인도하셨다고 확신합니다. 우리가 내리는 결정이 좋았든지 혹은 나쁜 결정이었든지 모두가 하나님의 절대주권 아래 있습니다. 그렇다고 해서 하나님께서 우리가 나쁜 결정을 내리도록 역사하신다는 말은 아닙니다. 마치 우리가 죄를 짓도록 역사하시지 않는 것과 같습니다. 하지만 절대주권을 가지신 하나님께서는 우리가 죄를 짓거나 혹은 나쁜 결정을 내리는 것도 허용하시기도 합니다.

나는 태어날 때부터 신체적 결함이 네 군데 있었습니다. 첫 번째이자 가장 눈에 띠는 결함은 내가 '사시'라는 점입니다. '사시'라는 말이 익숙하지 않은 사람도 있을 텐데, 나의 경우에는 한쪽 눈이 똑바로 앞을 볼 때 다른 쪽 눈은 코로 향하게 됩니다. 두 번째이자 감당하기 가장 어려운 점은 오른쪽 귀가 정상적으로 발달되지 않았다는 사실입니다. 어렸을 때는 잘 느끼지 못했지만, 크면서 점점 이를 알게 되었고, 나이가 들수록 더욱 불편함을 겪게 되었습니다. 82세가 되어서야 비로소 이비인후과 의사가 내가 평생 동안 한쪽 귀가 들리지 않았던 원인을 발견하였습니다.

세 번째와 네 번째의 결함은 흉부와 척추의 기형이었습니다. 사실 이 두 가지는 자랄 때는 크게 문제가 되지 않았지만 성인이 되어서는 꽤 문제가 되었습니다. 또한 엎친 데 덮친 격으로 대다수가 오른손잡이인 세상에서 왼손잡이였습니다. 신체적으로 볼 때 나의 시작은 그리 좋은 편이 아니었습니다.

부모님은 조그만 교회에 출석하셨습니다. 어머니는 밖으로 나다니는 분이 아니었습니다. 운전을 배우지도 않았고 동네 사람들과 잘 어울리지도 않았습니다. 사실 어머니의 사회생활이라곤 교회 안에서 일어나는 일이 전부였습니다. 아버지는 오전 8시부터 오후 6시까지 일주일에 6일을 일했습니다. 일요일에는 교회 활동을 하셨고 이웃과는 거의 어울리지 않았습니다.

요약하자면 부모님은 물질적으로도 가난하시고, 교육도 잘 받지 못하셨고, 사회적으로도 변두리에 있었습니다. 이것은 내게 좋은 시작이 아니었습니다.

형인 잭은 내가 두 살 때부터 학교에 다니기 시작했습니다. 이웃에는 내 또래의 남자 아이가 없어서 여섯 살이 되어 학교에 들어갈 때까지 혼자 놀았습니다. 장난감이 없었기에 늘 상상 속에서 놀았습니다. 특히 대형 트럭 운전기사 놀이를 좋아했는데, 이웃에 있던 큰 트럭의 엔진 소리와 기어 변속 소리를 흉내 내며 놀았습니다.

1936년이 되어 마침내 학교에 들어갔습니다. 다시 말씀 드리지만, 어머니는 밖으로 나다니는 분이 아니었기 때문에 내가 학교에 가는 첫날에도 학교에 바래다주는 대신에 5학년이 되는 형에게 나를 맡겼습니다. 형과 나는 학교에 도착할 때까지는 모든 게 좋았습니다. 그런데 형이 학교에 도착해서는 나를 어떻게 할 줄을 몰라 너무 당황해서 울기 시작했습니다. 그때 교장 선생님께서 나오셔서 뭐가 문제인지 물으셨고 나를 안전하게 1학년 교실로 데려다주셨습니다.

세월이 흘러 하나님의 섭리에 대해 배운 바를 기초로 어린 시절을 회상해 볼 때, 성경의 두 구절이 큰 도움이 되었습니다. 시편 139편의 13절과 16절 말씀입니다. "주께서 내 장부를 지으시며 나의 모태에서 나를 조직하셨나이다. 내 형질이 이루기 전에 주의 눈이 보셨으며 나를 위하여 정한 날이 하나도 되기 전에 주의 책에 다 기록이 되었나이다."

무엇보다도 먼저 신체적인 면에서 하나님께서는 나를 하나님께서 원하시는 사람으로 지으셨음을 깨달았습니다. 선천적인 결함을 포함하여 모든 면이 다 그렇습니다. "나의 모태에서 나를 조직하셨나이다"라는 다윗의 고백을 보며 다윗은 오늘날 우리가 알고 있는 유전학에 대해서는 전혀 모르리라고 잠시나마 생각했으나, 사실은 다윗을 인도하여 이 구절을 기록하신 성령께서는 오늘날 가장 뛰어난 과학자들보다 유전학에 대해 훨씬 더 많은 사실을 자세히 알고 계셨습니다. 그러므로 다윗이 "나의 모태에서 나를 조직하셨나이다"라고 기록할 때 이는 하나님께서 유전적 특질의 모든 면을 주관하셔서 신체적으로도 하나님께서 원하시는 바로 그런 사람이 되도록 지으셨음을 말합니다. 마찬가지로 "나를 위하여 정한 날"은, 내 생애에서 초기의 어려운 시절을 포함하여 모든 것이 하나도 되기 전에 먼저 주님의 책에 기록되었다는 사실도 진리입니다.

그러므로 나는 신체적으로는 하나님께서 내게 원하신 모습 그대로 태어났고, 가난하고 교육을 받지 못하고 사회성이 부족한 부모님 밑에서 자랐는데, 이들 모두 내가 태어나기 전에 내게 정해 주신 하나님의 계획이었습니다.

그러나 만약 여러분이 내 삶을 과거부터 현재까지 빠른 속도로 다시 돌려 본다면, 태어날 때부터 사시였으며 한쪽 귀가 들리지 않고 기찻길 옆에서 가난하게 성장한 소년을 위해 하나님께서 오늘날까지 행하신 경이로운 일을 보고 하나님을 찬양하게 되리라 생각합니다. 스스로 내 자신을 생각하면 시편 40편 1-3절 말씀을 항상 떠올리게 됩니다.

내가 여호와를 기다리고 기다렸더니, 귀를 기울이사 나의 부르짖음을 들으셨도다. 나를 기가 막힐 웅덩이와 수렁에서 끌어 올리시고 내 발을 반석 위에 두사 내 걸음을 견고케 하셨도다. 새 노래 곧 우리 하나님께 올릴 찬송을 내 입에 두셨으니, 많은 사람이 보고 두려워하여 여호와를 의지하리로다.

비록 내가 겪은 상황을 '기가 막힐 웅덩이'와 '수렁'으로 표현하는 것이 다소 과장일 수는 있지만, 하나님께서 나를 끌어 올리시고 내 발을 반석 위에 두셨다는 사실은 내 생애를 통해 하나님께서 하신 역사를 정확하게 표현하였습니다.

더욱이 하나님께서는 이 모든 일을 전적으로 하나님의 은혜 가운데 행하셨습니다. 그리스도 밖에서 나는 아무것도 받을 자격이 없고 다만 영원한 심판을 받을 수밖에 없는 존재였습니다. 사실 존 번연의 "죄인 중의 괴수에게 임한 은혜"라는 책 제목으로 나를 설명하고 싶습니다. 또한 자신의 삶을 통해 하나님의 놀라운 은혜를 보여 준 야곱의 기도에도 전적으로 공감합니다.

> 나는 주께서 주의 종에게 베푸신 모든 은총과 모든 진리를 조금이라도 감당할 수 없사오나, 내가 내 지팡이만 가지고 이 요단을 건넜더니 지금은 두 떼나 이루었나이다. (창세기 32:10)

겸손의 축복

초판 1쇄 발행 : 2020년 12월 30일
초판 2쇄 발행 : 2022년 2월 10일

펴낸곳 : 네비게이토 출판사 ⓒ
주소 : 03784 서울시 서대문구 연희로 16 (창천동)
전화 : 334-3305(대표), 334-3037(주문), FAX : 334-3119
홈페이지 : http://navpress.co.kr
출판등록 : 제10-111호(1973년 3월 12일)
ISBN 978-89-375-0595-9 03230

본 출판사의 서면 허락 없이는 본서의 전부 또는
일부의 무단 복제, 또는 원문에 대한 무단 번역을 금합니다.